療癒身心的10種想

兼行止禪與觀禪的實用指引
醫治無明、洞見無常的妙方

德寶法師 Bhante Henepola Gunaratana 著
觀行者 譯

目次

序

佛教的基本教導「四聖諦」顯示，貪愛（對於以自我為中心的享樂盲目渴愛）存在於一切痛苦之下，並驅動一再重複的生死輪迴。然而，佛陀在其他教導中也指出，貪愛與痛苦的因果關係並非決定不可改的。貪愛本身也是緣生的，從一個更深的根源生起，那就是無明。無明的巴利語 avijjā 是個否定語，意思是沒有正確智慧（vijjā 明）。

這顯示出，在貪愛與其他煩惱情緒（例如瞋恨、憤怒、驕傲、忌妒）之下，是認知錯誤在作祟。我們沉浮在貪愛的洪流裡，是因為我們對事物的了知不正確，因為我們欠缺「如實知見」。

雖然「無明」是個否定字，但在我們繁雜忙碌的日常生活裡，無明扮演著活躍的角色，製造出扭曲的認知理解，顚倒了我們在世間的生活體驗。在無明的掌控之下，我們的認知能力被加上有色濾鏡，將事物無常、令人不滿、空無自我、令人厭惡〔無常、苦、空、無我〕❶的眞相，顯現爲恰恰相反的恆常、令人喜悅、眞實有我，以及合意想要的〔常、樂、我、淨〕。這些「顚倒」或扭曲的認知模式，運作在許多層面上。在最粗淺的層面，它們形成了頑固的觀點，在更深層面則干預我們的概念和想法，而在最深層面甚至操弄我們的感知（perceptions 想）❷。因此，我們不但以扭曲方式感知事物，甚至將周遭世界以及最親密的自己本身，感知爲恆

譯註：

❶〔 〕：方括號內為譯者所加。

❷想：為五蘊中之想蘊，感知、了別、認出、認知之意。

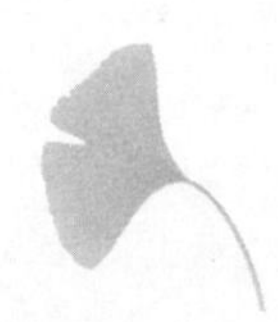

常、令人滿意、自我，以及感官之美，反而成了這些錯誤觀念的見證。

我們可以在這個歷程中辨識出一個錯縱複雜的因果關係。在意識覺察的門檻之下，無明偷偷滲染我們的感知，接著蔓延擴展到我們的思想和觀點，造成扭曲的理解模式。這些扭曲的理解模式引起並加強貪愛，伴隨著執取、瞋恨、驕慢，以及其他煩惱，將我們在重複的生死輪迴中綁得更緊。而當我們從一生流盪到下一生時，便一再面臨各式各樣的痛苦：年老、疾病，以及死亡、悲傷、沮喪、絕望。

既然因果關係如此，離苦之道便不僅需要持續不斷地努力拒絕貪愛的誘惑，同時也需要嘗試轉化認知。修行佛陀之道的最終目標是要達到一個認知上的突破，這個突破將無明從它在深心隱密處的巢穴中連根拔起。這需要一個精心設計的策略。要獲得最終勝利，不僅需要斬斷感受和貪愛之間的因果連結（這在許多經文中已強調），也需要逆轉從無明引生扭曲觀點的順序。這個意思是，我們的認知（想蘊）

必須轉化。認知必須重新調整，不再以強化貪愛和其他煩惱的方式看待事物，相反地，要以減弱貪愛並且最後能根除無明的方式來感知事物。因此，趨向自由之道的終點可以視爲一種歷程，我們藉由這個歷程學習認出扭曲的想蘊是甚麼，並以正確的想蘊取而代之。這是一種艱辛的心理訓練，但是佛陀的開示已指出路標，引導我們發展必要的各種「想」。這些「想」同時也是觀修。

事實上，anupassanā 這個巴利語通常翻譯爲「觀修」，字面上的意思是靠近且重複（anu）地看（passanā）〔隨觀〕。就是這隨觀的訓練，持續且不斷重複練習，久而久之便達到頂點——內觀（vipassanā）或「特別的觀看」。而內觀能導向出世間道的智慧，帶來究竟解脫的成果。

在早期結集的佛陀開示裡，對於訓練正確認知的強調在《增支部尼柯耶》裡最爲明顯。《增支部尼柯耶》是以數字編號的經文，章節的順序依照數字從一至十一

遞增。這部尼柯耶的後面幾章裡，有許多經文強調「認知轉化」在趨向體證涅槃上所扮演的角色。這一系列經文自第五集開始，佛陀提到兩類各五種想，並說「發展培育〔這些想〕會帶來絕佳成果和利益，最終達到無死之境，以無死爲它們的頂點〔完成〕」（5:61, 5:62）。在第七集，我們又看到兩類各七種想，圓滿時就證得無死（7:48, 7:49），而在第九集（9:16）和第十集（10:56–57）也同樣可見。

在現存的南傳佛教（上座部佛教 Theravāda Buddhist tradition）裡，關於認知轉化最廣爲人知的就是《耆利摩難經》（*Girimānanda Sutta*，*Aṅguttara Nikāya* 10:60）。在這部經裡，佛陀教導了「十想」，事實上即是觀修的方法。不像前段所提到的幾個短經中，佛陀僅是列舉它們，在這部經裡佛陀更透過修行的方式解釋了它們的內涵。因此，可以視這部經爲觀修業處（所緣 meditation subjects）的簡明綱要。不過《耆利摩難經》之所以大受歡迎還有另一個原因：它也是「護衛經」，不但具有加持護佑之力，亦是療癒的方法。正如此經的背景故事所示，佛陀爲一位名爲耆利摩難的病比丘教導「十想」，這位病比丘據說「病情嚴重」，可能已命在旦夕。而經中告訴我們，在結束解釋時，耆利摩難已學到十想，而他的病也的確痊癒了。

佛教禪修已經由正念禪進入了當代西方文化，但這些正念禪修經常是擷取自它的根源背景，改頭換面爲一種完全世俗化的訓練。現在正念禪修不僅被當作發展解脫洞見的方法，也是爲了滿足消費主義所重視的一些社會價值和目的，諸如物質成就、身體健康、流行，以及提高工作效益。

想要將佛陀的教法適當地移植到新的文化環境裡，則基本禪修必需具備完整性，並且要根據佛教哲學義理來教導。《耆利摩難經》正符合這個目標。這部經裡所教導的十想涵蓋了廣大的範疇，從無常想及無我想擴展到趨向離貪的觀修，例如觀想身體「不淨」本質的「不淨想」，以及我們對於疾病和老化無能爲力的「過患

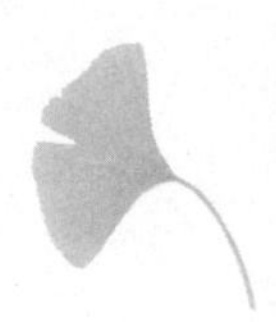

想」。此外，還包括了對於涅槃的省思觀修，以及止、觀兼修的工具——觀呼吸。

早期經典裡所教的禪修範圍寬廣，對於那些想要更深入了解禪修主題的人，該是為他們詳細解釋《耆利摩難經》的時候了。德寶法師身為廣受愛戴及尊敬的禪修老師，此書已令人欽佩地搭建了一座橋梁。以「G法師」之名廣為人知的他，擁有完成這件工作所必需的各種能力。身為斯里蘭卡傳承的比丘，他擁有巴利佛教傳統的深厚根基；尤其在斯里蘭卡僧團受訓的那些年裡，他已飽學經藏的教法。而他在過去四十五年裡定居美國，因此就和任何出生於紐約、洛杉磯，或中西部的美國人一樣熟悉美國文化。他之前關於禪修的幾本書都廣受歡迎，膾炙人口，而幾十年來他也一直在美國及世界各地帶領禪修營。

他具備了這些資格，承擔起責任，解釋佛陀對於「想」的觀點：想的負面角色是造成無明和痛苦的工具，正面角色則是在解脫之道上的助力。他將本書的重心放在闡釋《耆利摩難經》上，以簡單直接的用語向一般讀者說明，具有他一貫的清晰特色。他也重複地強調，這些觀修方式要如何與我們的日常生活經驗連結。此外，他也探討了一個過去傳統論師們鮮少觸及的主題：這些禪修業處如何能導致疾病的痊癒，這也是佛陀爲耆利摩難比丘宣說這些「想」的初衷。

德寶法師爲現代讀者們，生動靈活地解釋了這部古代經典，讓我們看到二十五世紀前的這些教法，在現今困惑和不確定的年代裡，仍然與我們息息相關。到底這些「想」能否治療身體疾病還在次要；主要重點是它們的療癒力，它們能醫治無明，那潛藏在對於自己及所處世間的扭曲心理和有毒觀點內的無明，那是一切疾病中最嚴重最棘手的。

Ven. Bhikkhu Bodhi

菩提比丘

英文版致謝

我非常感激 Steve Sonnefeld 慷慨布施他的時間和耐心；如果沒有他的努力督促進度，這本書不會問世。我也感謝 Douglas Imbrogno 慈悲和善地協助準備書稿，交給出版社 Wisdom Publications。而 Brenda Rosen 絞盡腦汁編輯，Josh Bartok 和 Andy Francis 對於本書的潤飾和出版提出許多建議，我也都感激在心。此外，也很感謝 Ven. Ethkandawaka Saddajeewa 建議我針對此主題寫一本書。最後，非常感謝菩提比丘在百忙中抽出寶貴時間爲本書寫序。

德寶法師 Bhante Henepola Gunaratana

森林禪修中心，修行社團（Forest Meditation Center, Bhavana Society）

西維琴尼亞，美國／四月，二〇一二年

簡介

這本小書著重在如何將「想」當作禪修的所緣（對象）。在佛教教義中，「想」是身心的基本組合成分之一。「想」包括了來自五個感官、思想、想像、其他源於內在的資訊，以及心處理和了解這些資訊的方式。如同身心的其他組合成分（色、受、行、識）一樣，「想」也可以透過禪修來訓練，並且得到完全的淨化。當我們了解「想」是甚麼，以及「想」如何影響我們的人生時，我們就能善用它，就像利用其他禪修所緣一樣，來克服有害的思想和行爲，並在心靈上成長。

在佛陀有關「想」的教導中，《耆利摩難經》是其中一個重要依據。就如經中所說，當時佛陀住在印度的舍衛城，而他的一位弟子耆利摩難比丘害了病，深受痛

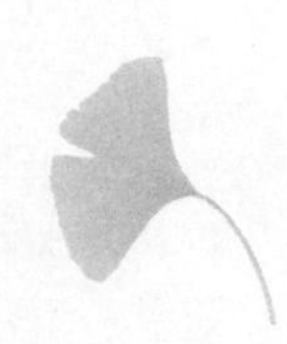

苦折磨。佛陀的侍者阿難比丘報告了佛陀，並請求佛陀悲憫他的痛苦，去探望他。不過，佛陀反而要求阿難去探望耆利摩難，並轉告他這十想。佛陀解釋：「耆利摩難比丘可能在聽了這十想後，病痛就立刻痊癒了」。

這十想基本上是一種禪修方法，我稍後會詳細解釋。而第十想——觀呼吸（入出息念）本身就是一個完整的禪修方法。隨著我們觀修這十想，我們的心也從一般而膚淺的「想」轉變成覺悟的洞見，引導我們從困惑和不快樂中永遠解脫。

事實上，《耆利摩難經》要我們進行兩種禪修。我們可能對第一種比較熟悉，也就是佛陀稱爲「奢摩它」的禪修或說專注的禪修，有時候也稱爲「止禪」或修定。修定的方式是將心溫和地專注在某個對象或練習上，例如燭火、禱詞或唱誦、佛像上，或如《耆利摩難經》中所說，就只是專注在我們正常的呼吸上。隨著心安詳地停住在一個焦點上，我們常有的躁動情緒便平息下來，心也停止了難以控制的遊盪而變得平靜安寧。

第二種禪修稱爲「毗婆奢那」或內觀禪修。在這種「觀禪」裡，正念被當作工具來增長我們對於周遭現況的覺知。幾年的內觀練習下來，專注的心能逐漸穿透無明之牆；對於我們的存在方式，這面牆區別了一般世俗的覺知與深入的了知。隨著內觀洞見的加深，我們體證到沒有任何組合成分（蘊聚）——無論是身體、感受、認知、思考，或心識（色受想行識，五蘊），是我們習慣信以爲眞的堅實恆常。而如同一切其它事物，這些組合成分也都一直在變動著，因而造成不舒服或疾病，亦即佛陀所說的「苦」。

禪修於想（想隨觀）的基本方式十分直截了當。我們利用「止禪」達到平靜專注，然後利用「觀禪」來清楚了知，我們平常是如何感知（想）身心以及周遭世界的。我們將沮喪地發現，雖然我們的感知和思考模式使親身經驗顯得堅實可靠，但

其實在很多方面都是扭曲或錯誤的。它無法帶來清明和喜悅，反而導致迷惑和不快樂。這種了解促使我們更進一步禪修，目標在於培養佛陀闡釋的「淨化的想」。這些努力讓我們在解脫之道上進步，這條道路引導我們趨向自由，從疾病、困惑、以及其他身心痛苦中徹底解脫的自由。

這兩種禪修是我多年來教授和寫作的主題。在《平靜的第一堂課：觀呼吸》（*Mindfulness in Plain English*，橡樹林出版，二〇一二年）這本書中，我寫了簡單且步驟化的正念禪修指引。近來「正念」的教導及修練非常流行，被當作釋放壓力、放鬆及療癒的工具。它事實上即是「毗婆奢那」或內觀禪修，目標是對於每一剎那發生之事，都能體驗到不間斷的覺知。

《快樂來自八正道》（*Eight Mindful Steps to Happiness*，橡實文化出版，二〇〇七年）則鼓勵讀者利用正念禪修，在離苦得樂的八正道上前進。在《進入禪定的第一堂課：超越觀呼吸》（*Beyond Mindfulness in Plain English*，橡樹林出版，二〇一二年）中，我解釋了「止禪」如何幫助我們轉化一般的心識，而達到高度淨化及光明的心理狀態。最近的書《四念住》（*The Four Foundations of Mindfulness*，橡實文化出版，二〇一三年）則討論《念住經》（*Satipatthana Sutta*），這部經是佛陀關於正念禪修最清晰簡明的開示。

雖然這幾本書都有基本禪修的指導，但因爲禪修實在重要，因此我在此先介紹一個簡單的「奢摩它」（止禪）或說修定的方法，好讓讀者們可以自己先試著練習；這個方法摘要自《耆利摩難經》。而對於需要更進一步詳細指導，或因身體疼痛、心神散亂和其他問題需要幫助的人，《平靜的第一堂課：觀呼吸》這本書可能頗適用。就如我前面所說，《耆利摩難經》也教導「毗婆奢那」或說內觀禪修。這部經大略說明了止觀兼修如何促進身心健康、活力充沛，以及得到情緒上的療癒。

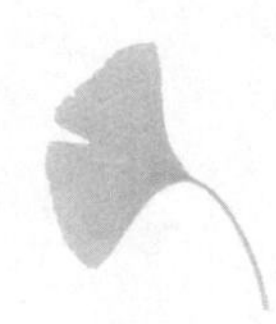

爲此，本書包括了許多組步驟性的指引，以「無常想」爲所緣來修正念。

讀者可以預期，從「禪修於想」獲得一些正面成果。在日常生活上，培養正念可以幫助我們克服惱人的心態：諸如憤怒、貪婪、忌妒，且能增加正面及健康感：諸如耐心、慈愛以及內心安詳。對於發生在自己內心與周遭世界的事，我們變成更全面且客觀的觀察者。而因此，我們可以比較容易就走出可能導致焦慮和不快樂的情境。

而在心靈層面上，「禪修於想」能夠幫助我們在離苦之道上穩定地進步；它也能帶來眞正的療癒。我們可以說《耆利摩難經》並非一種「信仰醫治」，而是「眞理醫治」。它的作用或許可以如此解釋：當我們聽聞眞理時，我們感到喜樂。當我們領會了聽聞到的眞理時，我們的洞見加深了，而心便促使大腦和身體產生療癒性的化學物質。雖然禪修絕不該用來取代醫療處置，但已有許多人發現，它是傳統治療之外的有效輔助。

接下來，我們開始探索「想」如何作用，以及它在佛陀所描述的實相中的地位。然後我們轉到《耆利摩難經》，詳細檢視佛陀要阿難告訴耆利摩難的十想。對於這十想，我在每一想的開頭都引一段經文，好讓讀者可以直接體會佛陀的話語。最後，對於佛陀開給耆利摩難的藥方——禪修於想（想隨觀），我們探討如何將它應用於個人及心靈上的醫治。但是首先，我們先看這部經本身，好獲得實用的禪修指引。

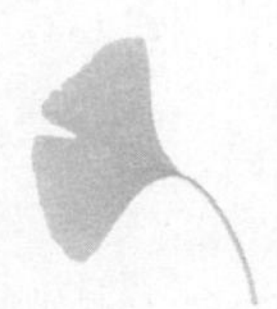

開始禪修

《耆利摩難經》裡的初步禪修指引，令人難以置信地簡單。正如佛陀對阿難解釋的，觀呼吸時，禪修者這麼做：

「比丘去到森林，到了樹下或空屋裡坐下。他盤起腿，挺直身體，將正念安立於前，正念地吸入氣息，正念地呼出氣息。」

「吸氣長時，他知道：『我吸氣長。』呼氣長時，他知道：『我呼氣長。』吸氣短時，他知道：『我吸氣短。』呼氣短時，他知道：『我呼氣短。』」（菩提比丘英譯）

所以，基於這些指引，我們應該如何開始禪修呢？

去到或安排一個安靜的處所。雖然佛陀建議樹林、樹根或空屋，但對於我們來說，只要是離開會分心的日常活動，可以獨處的地方就好。如果帶著手機或平板電腦，對於我們發展定力是不會有幫助的！爲了集中注意力，我們需要避開內在以及外在的分心事物。

採取一個穩定舒適的姿勢。佛陀推薦坐姿，盤腿，背要正直。現在有許多人借助坐墊支持，盤坐在地板上來練習禪修。但是也有可能坐正在椅子上禪修，甚至當情況需要時，也可以站著、或行走、或躺著禪修。目標在於讓身體穩定及放鬆，選擇一個容易維持一段時間，不需改變或調整的姿勢。

把注意力放在現前當下。正如佛陀所指示的，我們應該將正念安立於「前」。我們透過憶念過去已逝而未來還沒到，來遵行這個指引。我們能夠眞正在當下的唯

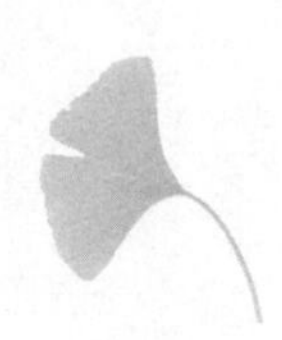

一時候就在面前，現在正發生的那一刹那。

專心於呼吸，氣息進來以及氣息出去；集中在一點上能幫助心定下來。能夠體驗呼吸的最佳位置，就是在呼氣和吸氣時，空氣流動而碰觸或摩擦鼻孔邊緣的那一點。

覺知到呼吸有時候是長的，有時候是短的。這個指引的意思，並不是要我們嘗試控制呼吸，勉強自己深呼吸或淺呼吸。相反地，我們應該注意自然呼吸，呼吸韻律的自然變化。佛教禪修並不是呼吸運動。我們是利用呼吸，一直與我們同在的呼吸，作爲心的焦點，以幫助我們發展專注力和正念。

保持溫和且一致。禪修通常稱爲「練習」。這個字提醒我們，不該在第一次嘗試，甚至第二次、第三次或第十次時，就期望成爲禪修專家。要選擇一個可以安靜並不受干擾的時間。很多人發現，在清晨尚未開始日常作息及事務之前，或是晚上

（如果還能保持覺知和警醒的話）是最佳選擇。養成每天在固定的時間地點練習禪修的習慣，這是鼓勵和支持自己修行的溫和方式。

保持彈性和正面。確定禪修時間要夠長，好讓心有時間安定下來。很多人發現每天禪修二十或三十分鐘效果很好，但是在特別忙碌的日子裡，即使是五或十分鐘也可以。我們打坐和專注於呼吸的時間愈久，應該愈能覺得放鬆和舒服。把禪修當作例行公事或義務，對我們並無益處。相反地，它應該是一件我們期望和享受的事，因爲它爲身心帶來放鬆和愉悅，也對個人和心靈大有助益。

第一部

想

1

甚麼是想？

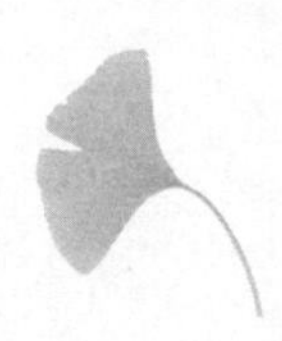

在佛陀來說，「想」是清淨且單純的。當眼睛看見事物時，就只是看而沒有加油添醋。就如佛陀在《相應部》（*Connected Discourses*）中對比丘們的解釋：

> 比丘們，爲何稱它爲「想」呢？比丘們，因爲它感知，因此被稱爲「想」。而它感知甚麼呢？它感知藍色，它感知黃色，它感知紅色，它感知白色。比丘們，因爲它感知，因此被稱爲「想」。（菩提比丘英譯）

這種傳達事物顏色的「想」，稱爲「眼想」。佛陀這樣解釋「眼想」的歷程：當眼睛睜開並看見任何形相或事物時（例如：花），識就在心中生起。眼睛、花、識這三者的會合，稱爲「觸」❶。緣於「觸」，「受」生起。「受」是心理的五個組合成分（觸、受、想、思、作意）之一。而我們感受到甚麼，就感知甚麼；

然後我們思考所感知到的。而思考開啓了判斷的歷程，導向心理編劇（mental proliferation 戲論）。

舉例來說，想像有一朵花正在我們眼前。我們的眼睛一睜開就看到花朵，眼識立即生起。而緣於此三者（眼睛、花、眼識），眼觸生起。而緣於眼觸，愉悅、不愉悅、或中性感受生起（樂受、苦受、不苦不樂受）。現在心已經感知花朵了。而依據花的顏色，例如藍、黃、紅或白色，心中便生起「我喜歡這個顏色」或「我不喜歡這個顏色」的想法。而依據我們過去曾經看過的花色，或未來可能看到的花

譯註：

❶觸：心所（心的作用）之一。指境（對象）、根（感官及其機能）、識（認識）三者和合時所產生之精神作用；亦即指主觀與客觀接觸之感覺而言。〔摘要自《佛光大辭典》線上查詢系統〕https://www.fgs.org.tw/fgs_book/fgs_drser.aspx

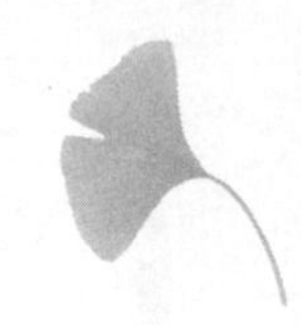

色，我們的心開始編造更多想法。依據花朵的形狀、大小、鮮豔、化學成分、用途、生長的地方、種植的方式等等，想法可能朝許多不同方向蔓延擴展。對於聲音、氣味、滋味、碰觸及念頭，心理也同樣地進行編劇。所以，「眼想」其實是眼睛、形色、識、觸、作意與受和合而成。

當然，「識」指的是心以及心的活動（activities 作用）。它是其他心理成分（mental factors 心所❷）運作的基礎。「觸」只有在感官、感官對象以及識出現時才生起。「作意」這個心所則是，有目的地將「識」聚焦在某個對象上。「受」接著是「想」，然後我們思考我們所感知（想）到的。任何刻意的心理狀態都是思考，包括想法和情緒反應。如果識不現起，則受、想、思、作意都不生起。

同樣的心理歷程發生在我們所有的感官上。佛教認為有六個感官：眼睛、耳朵、鼻子、舌頭、身體、以及心（六根）。所以，舉例而言，耳朵、聲音、識、觸及受的會合，讓聲音的感知（聲想）生起。同樣地，鼻子與氣味，舌頭與滋味，身體與碰觸，以及心與心理內涵（例如：想法、念頭、心理意象、或情緒）的會合，生起了識、觸、受、作意，因此也生起了「想」。

「想」的作用是認知，或者用另一個較熟悉的詞來說則是認出某個對象。由於認知歷程的發生極爲快速，我們無法體證到，每一個幫助我們理解事物的「想」所涵蓋的一系列內在心理步驟。「想」實際上發生於內心之中。在最簡單的層面上，「禪修於想」給予我們機會去了解，心及其活動在決定我們的「想」之上所扮演的角色；而且更重要的是，心及其活動如何決定我們說或做甚麼以回應我們的

❷心所：又作心數、心所有法、心所法、心相應法。與心相應而同時存在，為種種複雜之精神作用。以從屬於心，故對心所而言，心謂「心王」。有關心所之數及其分類之方法，有種種說法。（摘要自《佛光大辭典》線上查詢系統）

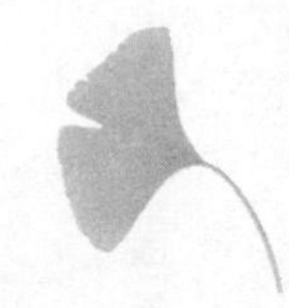

「想」。

「想」非常有影響力，因為除了決定事物或心理意象的表面特質（例如顏色、形狀、大小、或軟硬）之外，跟隨著「想」而來的思考，也會判斷我們所感知的事物是令人愉悅、不愉悅、或是兩者皆非。佛陀說，當未受訓練的心接觸到令人愉悅、美麗、或吸引人的事物時，就自然生起渴望或貪愛；而接觸到令人不悅、醜陋、或噁心的事物時，則生起排斥或瞋恨；而對於認知為既不令人愉快也非不愉快的事物，我們通常則是忽略或不太注意。我們會發現，感官對象本身並無所謂美麗或醜陋、令人愉快或不愉快、吸引人或不吸引人；而是對於我們的認知（想）所做的思考，將它們判斷或分類，因而導致我們的反應。

當我們以警覺的正念來檢視「想」的歷程時，我們覺察到「想」的運作是基於儲存在心裡的舊資訊。記憶和過去的經驗促使心去編造理由，好解釋為何我們相信自己認知到的事物是美麗或醜陋的。

現代有一整套教育系統——例如，藝術及音樂欣賞、甚至電視上也有烹飪節目，教導我們對於各種景物、聲音、氣味、滋味、碰觸和想法進行分類和判斷。然而，對於所感知事物的任何判斷，都是我們自己的心理造作。雖然我們相信，我們賦予事物和經驗的特徵（大或小、滋味可口或不佳、和諧或不協調）是它們本身具有的，但若仔細檢視就會發現，這些屬性都是人爲而主觀的。正念作意的目標在於淨化「想」，也就是沒有這種私人加工造作，沒有貪愛、瞋恨或其他妄想的作意。

只要回想人們經常對於某件事物或藝術品、建築風格、某件衣服、某種食物、或音樂作曲的美麗或醜陋、滋味可口或差勁、令人愉悅或不悅而意見不合，就可以證明「想」是人爲且主觀的。此外，意見也會隨時間空間而改變，從十年前到十年後，從此國到彼國，從人生早期到晚期都不一樣。例如，我們年輕時可能不喜歡古

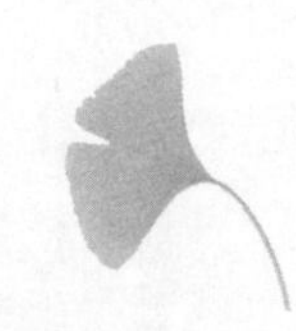

典音樂，但現在卻成爲我們的最愛。我們的「想」也會依情境而改變。夏天花園裡的黃玫瑰可能看來嬌艷美麗，但若是在朋友的喪禮上，看來就令人難過甚至痛苦。同樣地，當我們生病時，平時愛吃的食物可能變得噁心或討厭。

所以，我們可能會疑惑，我們的「想」是眞實而可靠的嗎？佛陀說，任何事物或經驗唯一本具的特質就是無常、苦、及無我。「無常」顯示一切事物隨時間改變、瓦解、或死亡的眞理。沒有人能夠倖免，沒有人能永遠活著，甚至佛陀也不行。任何事物都不例外，即使我們的感官認知山岳非常堅實耐久，但其實它每一秒鐘都在耗損毀壞。由於每件事物都會改變或消失，所以沒有任何存在的事物可以帶給我們持久的滿足。我們對於某物或某人愈執著，當它消失時我們就愈不快樂；例如，我們丟失了一件最珍愛的珠寶，或是某位親人去世了。因爲一切事物都是無常的，都是不能令人滿意的〔苦的〕。

同樣的道理，由於一切事物隨時在變化，佛陀也說它們是無我的。我們所認知的美麗或醜陋、想要或嫌惡等等，其實沒有一個是它本具的特質。事物以及人們，包括你我在內，都是一直在變化中，不斷流動改變著。在我們期望中生起的一切，終究會消失；我們鍾愛的一切，終究會散去；讓我們快樂的，終究造成我們的痛苦。正因爲它們沒有一個固定的身分，它們的性質既不堅實也不持久，所以我們說，一切存在的事物沒有自我或靈魂。

基於此種了解，如果我們想要從痛苦中解脫，就歸結到一條必須遵行的道路。正念禪修的訓練帶來洞見，讓我們認知到人事物無常，不至於對它們貪愛執著，因此可以保護我們。漸漸地，我們會看到痛苦是一種心理狀態；它是在我們心中生起，而不是在我們感知到的事物上。因此，佛陀說渴望和貪愛是痛苦的起因，尤其是對於無常、苦、及無我的事物生起渴望貪愛。禪修於想〔想隨觀〕能幫助我們達

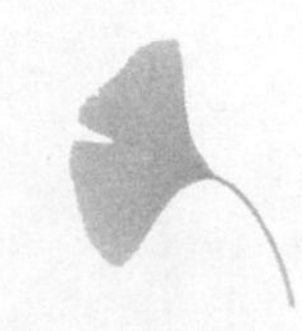

到這個奧妙的體悟。

想及蘊聚

如之前所說，「想」是身心的五種組合成分之一，亦即佛陀所說的——色、受、想、行、識。這些組合成分通常稱為「五蘊」，包括了現實的所有層面。「色」指的是我們感官能夠感知的一切物質，包括自己身體的各個部分。

其他四蘊則包括了心的一切經驗。如我們所知，感受可以是愉悅、不愉悅、或中性的；而基於我們的感受，能生起思考、記憶、不著邊際的想像、以及夢。當我們吃了一頓可口晚餐後，會記得它，也可能對它有一些想法。當我們有不愉快的感受時，我們對它們的思想和記憶也傾向不愉快。就如前述，由於感官、事物或心理意象、識的接觸，感受就在心中生起，而當感官、外在或內在事物、觸、識、作意、以及受會合時，想蘊就在心中生起。

行蘊則包括一切心理活動，涵蓋了思考、幻想、恐懼、以及情緒反應。了解這個蘊聚最簡單的方式就是，把「想法」看做只是我們內在感知到的「心理物件」。某些想法是正面有益的，例如慈愛、對於佛及教法的信仰，而其他諸如憤怒、懷疑佛法等想法則是不善且有害的；這樣的認知很重要，能改變我們的人生。

第五是「識蘊」，大概是最難了解的。「識」是基本的覺知或知道。有時候我們用「心」這個字來描述它的作用。佛陀說，「識」或「心」是光明的，意思是它發出光照亮事物，包括我們的想蘊。事實上，沒有單單一個所謂的「心」或「識」。我們是基於它的內涵來推論「心」或「識」的存在的。因此，我們可以說，「識」總是與想、念頭、情緒、或其他心理物件相關聯。

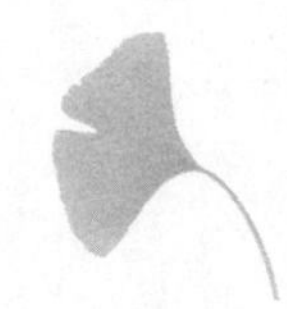

禪修於想及蘊聚

體驗五蘊的最佳方法之一就是，在練習簡介裡提到的觀呼吸時，對五蘊保持正念。正念禪修於五蘊中的想（想隨觀），源自佛陀對比丘們的教導。就如佛陀在《法句經》（*Dhammapada*）中所教導的，他的教法——眞正的法，應該在自身內感知。

僅只是高談闊論，
並不眞的持有法。
即使只聽聞少許，
如果親身感知法，
並且從不疏忽法，
那麼，

此人的確持有法。

（Gil Fronsdal 英譯）

下面是這種禪修的練習方式：

● 當我們專注在正常呼吸時，溫和地將注意力放在感知五蘊的每一蘊上面。

● 我們正念覺知到，呼吸本身是色蘊。每一個吸氣與呼氣時，在鼻孔周邊以及腹部起伏上，我們感知到氣流進出身體。而由於坐姿造成背部及膝蓋的疼痛，我們也能體驗到身體是色蘊。

● 藉由感知到呼氣時肺部空虛而有些微不適或焦慮，再度吸氣時則覺得稍微愉快些，我們正念覺知受蘊。

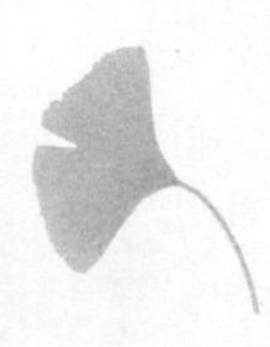

- 藉由感知呼吸的身體感受，以及隨之生起的愉悅或不愉悅感覺，我們正念覺知想蘊。
- 藉由注意到呼吸時生起的任何想法，例如信心或疑惑、慈愛或不耐的情緒等等，我們正念覺知行蘊。
- 藉由感知到呼吸時其他四蘊的改變——身體感受的變化、愉悅或不適的感覺、對於外在或內在對象的感知、以及念頭及情緒的生滅，我們正念覺知識蘊。
- 我們的目標在於用全面且不偏不倚的心態來感知任何生滅，既不貪著愉快的體驗，也不排斥不舒服的體驗。這種中性態度是正念的關鍵。我們會發現，除非我們全面而平等地感知，否則我們不可能將心專注於任何禪修所緣上。當我們讓愉快或不適的感覺爲想蘊染色加工時，想蘊本身便凌駕識蘊之前，而我們對於呼吸的覺知便被擱置到一旁去了。

● 這種禪修最重要的就是，正念於每一個飛逝而過的想蘊，了知無常。隨著禪修的深入，我們能體驗到，在保持專注於呼吸時，感知身體感受、感覺、想法、以及情緒是無常的，同時也保持正念於平等想。

爲何平等想很重要？

在禪修時培養平等想非常重要，因爲在心中生起的對於五蘊的渴愛，阻礙了我們解脫痛苦的能力。大迦旃延尊者對在家人訶梨長者說明，「想」是「識之家」，而其他蘊聚也一樣是「識之家」。貪愛及其他染料就像鎖鏈一樣，將我們綑綁在蘊聚上，因而也綑綁在無常且苦的生生世世輪迴上。正如佛陀在《訶梨長者經》（*Haliddakani Sutta*）中所說：

居士，「色」是識的家，因爲對於色的渴求而使識套上枷鎖的人，稱爲在家團團轉的人。「受」是識的家，……。「想」是識的家，……。「行」（有意的行爲）是識的家，因爲對於行的渴求而使識套上枷鎖的人，稱爲在家團團轉的人。人就是這樣地在家團團轉。（菩提比丘英譯）

當我們的正念更加穩定時，我們會發現完整的法就在我們的身心裡。如果我們的心只專注於感知外在事物，便看不到我們生生世世隨身攜帶的法。我們就像是帶著滿袋子鑽石到處走的盲人，卻不知道這個沉重袋子的價值。相反地，當我們專注於感知自己的身心時，就會發現我們攜帶的是寶藏。發現了這些內在財富，我們就發現了解脫之道，脫離痛苦而永遠自由的解脫。

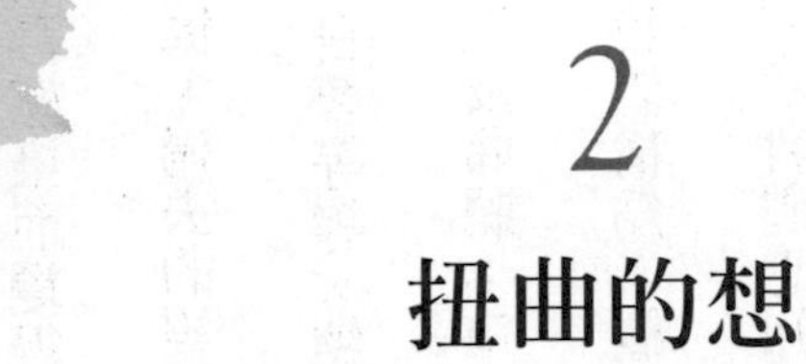

2
扭曲的想

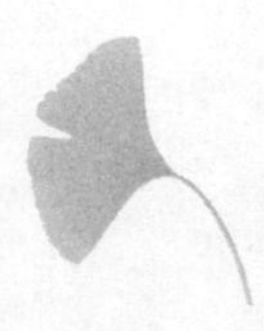

就如前面所說，「想」的本質是單純且清淨的；然而它頗爲細緻脆弱，很容易被概念病毒感染而變得扭曲。每天，我們的「想」都受到難以數計的概念轟炸；念頭、記憶、過去的經驗衍生出的想像、現在從感官接收的訊息、關於未來計畫的幻想和白日夢等等，總是不斷地生起又滅去。每天，我們花很多時間在談話、閱讀、學習以及聆聽；這些資訊在我們心中製造出大量的概念。佛陀解釋，持有太多概念——我們稱爲「概念葛藤」，會困惑我們的「想」。如前所說，「想」在「受」之後生起。當我們感知一個外在或內在對象時，基於儲存在心中的舊概念，感受立即生起，爲我們的「想」染上顏色並阻礙我們看清事實的能力。

讓我們來看一個例子。假設我們看見某人的鼻子，存在我們心裡的舊概念便浮現到意識來，讓我們相信這個鼻子是美麗的（或醜陋的）。接著我們看見他的嘴唇，我們的舊資料再度讓我們相信，這個嘴唇是美或醜的。同樣地，我們看見此人的眼睛、眉毛、牙齒、頭髮、體毛、皮膚。我們的心中存有許多關於這些可見對象的概念。所有這些資料，都為我們對此人相貌特徵的正面或反面評價加油添醋。當我們把所有這些概念性的評價加總起來，就相信我們看見的是一張美麗或醜陋的臉。同樣地，對於此人的手、腳、指頭、指甲以及身體的所有其他部位，我們也都加上許多概念；結果就決定了我們看見的是一位美人或醜八怪。

但事實上，我們所見的只不過就是眼睛、鼻子、牙齒、頭髮、手、腳還有臉而已。身體的這些部位本身既不美也不醜，而這個人也既非全然美麗或醜陋。所以，發生的事情是：概念、想法、意見、信念以及許多各種條件（conditioning 制約），影響了我們的「想」。而我們的「想」在本質上就變形扭曲了。只有當我們能夠超越這些扭曲時，我們才能感知呈現於感官的單純真相。

扭曲的想是個麻煩，因為它導致執取和瞋恨。對於我們誤以為會帶來長久快樂

的任何事物，我們便執取或貪愛；而對於我們誤以爲會帶來傷害或不快樂的事物，我們則排斥或瞋恨。但這些判斷都是錯誤的，因爲沒有任何無常事物能帶來持久的快樂或不快樂。此外，就像心在認知歷程中所添加的其他屬性一樣，「我自己」、「我」以及「我的」也是本質上既人爲又主觀的概念。雖然我們相信它們是所認知事物的一部分，但其實卻是心加工造成的扭曲。

舉例來說，假設我們看見一張照片。我們實際上感知到的，也就是佛陀所說的「想」，是一張有顏色及影像的紙，或是在電腦螢幕上有色的光點所形成的影像。但我們卻認爲看見「我的照片」、「我」、或「我自己的影像」。在照片裡或電腦螢幕的影像中，並沒有任何地方是「我」、「我的」、「我自己」這些概念。是我們爲照片加上這些概念，制約了純淨的「想」，而對「我的」影像及各部分產生執取或厭惡；例如說：「我的頭髮烏黑亮麗」、或「我的雙下巴好醜」。而正念禪修幫助我們看見，概念是從心中，而非從認知的對象生起。每件事物都會改變；我們所認爲的「我」或「我的」，只不過是認知到的無常事物而已，沒別的了。

這個領悟的含意，影響深遠。有多少問題就是從「我的」國家和「我的」宗教這些概念產生出來的？當我們認爲屬於「我的」東西或親友面臨威脅時，我們是如何反應的？每一種衝突，小自家人爭吵，大至世界大戰，都源自於扭曲的概念。家人爲一件藝術作品起了爭執，各自認爲那是屬於「我」的。而兩個國家因爲一塊各自認爲是「我的」土地而爆發戰爭。

如海市蜃樓

扭曲的想就像海市蜃樓一樣。就像一頭鹿被幻影所騙，迅速奔向牠以爲有水的地方。當牠奔跑時，那看似水的幻影遠在前方，所以牠繼續奔向前去喝水。當牠愈

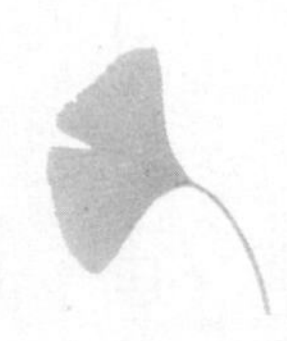

跑愈疲累且口渴時，就停下來往回看，卻看見牠已經跑過頭了，水在後方。當牠往後跑時，水看來又在前方。所以牠便如此來回奔波，直到筋疲力盡倒地不起。

對我們來說，扭曲的想就是那樣。我們被自己的執著驅使，總是追逐著幻夢。我們自己的瞋恨創造出怪物，然後又被這怪物嚇得落荒而逃。只要「想」是扭曲的，我們就沒辦法看見面前事物的眞實本質——只不過是一堆不斷變化的形色、聲音、氣味、滋味、碰觸、以及思想概念而已。此外，我們所感認知的一切，都沒有一個自我或靈魂，也沒有任何事物可以帶給我們恆久的快樂或不快樂。

從本質來講，當「想」被扭曲時，我們就將無常感知爲常，苦感知爲樂，不美不醜的事物感知爲美麗或醜陋，無我的事物感知爲有我。由於這種扭曲，我們造成自己的痛苦，經典中有一個故事描述了這種情況。有一次，佛陀的一位八十歲弟子那拘羅父正深受痛苦折磨；他去見佛陀，請求開示指引。那拘羅父說：

「世尊，我已年邁、老朽、老眼昏花、活過了大半生、已到了生命盡頭、身體衰敗、經常生病。我很少能夠來看世尊及其他尊貴的比丘們。世尊啊，請給我忠告，請給我指教，引導我獲得長久的幸福快樂。」

「確實如此，在家人，確實如此！」佛陀回答。「你的這個身體是痛苦的、沉重的、拖累你的。如果有人拖著這個身體卻宣稱他很健康，即使只是一下子，除了被當作愚人之外，還有甚麼可能呢？因此，在家人，你應該這麼訓練自己：『雖然我被身體所苦，但我的心並不會苦。』你應該如此訓練自己。」（《那拘羅父經》*Nakulapita Sutta*，菩提比丘英譯）

那拘羅父並不完全了解這個簡短的教導，但他出於尊敬也未再詢問佛陀任何問題。他起身去找佛陀的一位大弟子舍利弗尊者，請求解釋這句簡短教導的意思。

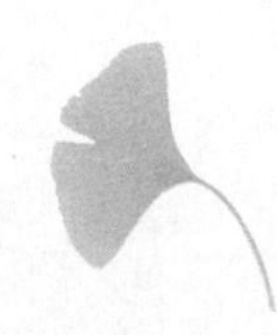

舍利弗尊者說：「不熟悉佛陀教法的人，將五蘊當作他自己。當這些蘊聚改變並衰敗時，他就生起憂愁、悲嘆、痛苦、哀傷、以及絕望。如此，他的身體和心都遭受痛苦折磨。」

闡明了關於五蘊的眞相後，舍利弗說明扭曲的想所引起的痛苦：「有人把想當作自我，或自我擁有想，或想在自我之內，或自我在想之內。他執著沉迷於這種觀念：「我就是想，想是我的。」他執著這些觀念地生活時，他的想起了變化、更改了。當想變化更改時，他就生起憂愁、悲嘆、痛苦、哀傷、以及絕望。」

舍利弗總結道：「但是，聽聞佛法的聖弟子不把這些蘊聚當作他自己。這些蘊聚可能改變，但是他不會生起憂愁、悲嘆、痛苦、哀傷、以及絕望。如此，他的身體雖然可能受苦，但他的心不會苦。」

那拘羅父學到的這一課對我們也適用。當我們看到老化的跡象，例如白髮和皺紋時，就發出悲嘆，忘了這無常的身體從一出生就開始每天老化。而我們以爲是天生美麗、永遠令人愉快、能夠帶來長久快樂的人事物，也總是在改變中。美麗會褪色，而曾經令我們愉快的事物現在卻造成困難或痛苦。就如那拘羅父發現到的，我們也必須學到，「想」不是自我。對於自己的身體、感受、思想、心等等內在感知，以及對於周遭世界的外在感知，以及我們所感知的一切事物，都是一直在變化的。

並沒有甚麼是「我」或「我的」。如果有的話，我們就應該能夠控制我們感知到的事物，並且避免那些造成我們痛苦的感知〔想〕。就如佛陀在《無我相經》（*Anattalakkhana Sutta*）中所說：

「比丘們，想不是自我。如果想是自我，那麼想就不會傾向於痛苦，

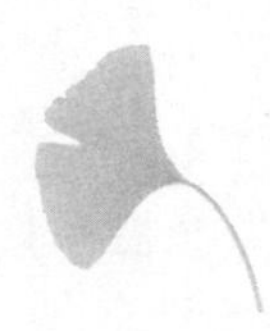

而我們就可以說：『讓我的想是如此，讓我的想不是如此。』因爲想不是自我，想傾向於痛苦，所以我們不可能說：『讓我的想是如此，讓我的想不是如此。』」（菩提比丘英譯）

對於其他每一蘊來說也一樣。色不是自我，受不是自我，行不是自我，識不是自我。就和想蘊一樣，所有的蘊聚都是一直不斷改變的。

想的結縛

扭曲的想稱爲「結縛」（結 knots），因爲它們將我們綑綁在充滿無常及苦的生死輪迴中。佛陀指出四種想的結縛。第一種是貪著愉快的想（欲結），亦即執著於那些我們誤以爲會帶來持久快樂或愉悅的人事物。舉例來說，沒有任何新郎或新娘會想到，幾年後雙方會變成爭奪財產的敵人。與此相反的是，排斥不愉快的想（瞋結），亦即瞋恨那些我們誤以爲總是令人苦惱或痛苦的人事物。例如，我們不會預想到曾經憤怒爭吵的鄰居，在房子失火時卻是我們的救命恩人。

第三種想的結縛是有害想。基於扭曲的想，這種結縛讓我們起意做出傷害的行爲。當排斥不愉快的想增強而變成憤怒瞋恨時，我們有時候就會做出傷害行爲，口出惡言或是暴力行爲。從人們和國家之間的爭戰，就可以看見這種結縛的作用。第四種結縛稱爲「邪見」。邪見，有時又稱爲愚痴（癡想），指的是誤以爲人事物恆常、可以給我們長久快樂或痛苦、並且擁有自我或靈魂的錯誤認知。我們可以說，邪見是每一種癡心妄想的根源。

我們輕易可見，爲何這些想的結縛阻礙我們從無常及苦的生死輪迴中解脫。由於這些結縛，我們造作不善的身、語、意行爲。這些行爲產生業，也就是自然的因

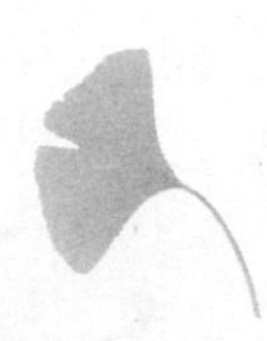

果法則。如果因是負面的，結果必定也是負面的。換句話說，我們自己的惡業，就是束縛我們陷於痛苦之中的原因。證得解脫（脫離一切苦而自由）的人，他的心已沒有想的結縛。就如佛陀在《摩犍地耶經》（*Magandhiya Sutta*）中所說：

> 已經捨斷了想的人，沒有結縛。已經從所有結縛解脫的人，沒有無明愚痴。執著於想及無明愚痴的人，奔走於充滿矛盾衝突的世間。

佛陀敦促我們要捨斷的想，並非認知藍色、黃色、紅色、白色的簡單純淨的想。我們應該要捨斷的是，被感受渲染上色，導致我們貪著愉悅排斥不悅的想。我們如此反應是由於第四種想的結縛，邪見，讓我們誤以爲事物是恆常、本質就是愉悅或不愉悅的、並且擁有自我或靈魂。佛陀說，這些無明妄想導致我們「奔走於矛盾衝突的世間。」

佛陀在《蜜丸經》（*Madhupindika Sutta*）中更詳細地說明了這個問題。當時，佛陀住在迦毘羅衛城附近的尼拘陀林。有一天晚上，某位比丘弟子問他：「世尊，哪一種教法可以讓人不與任何人爭吵……讓想不再迷亂？」佛陀的回答如下：

「比丘，心理編劇產生的想和觀念困擾人們，至於它們的根源就是：如果發現沒有甚麼好喜歡的、想要或執著的，就是貪愛習性的止息、瞋恨習性、見、疑、我慢、貪求存有（有愛 desire for being）、無明習性的止息；也是使用棍棒武器、爭吵、打鬥、辯論、責怪、惡口謊言的止息；此時這些邪惡不善的心態止息無餘。」（菩提比丘英譯）

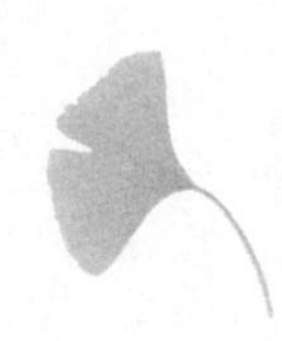

換句話說，對於想的解讀導致了所有的衝突對立。國王與國王爭論、政治家與政治家、父母與小孩、小孩與父母、兄弟姊妹之間、叔伯姑姨與姪兒外甥之間、鄰居之間、國家之間彼此爭論對立。

對於這個問題，佛陀的解決辦法非常直截了當：我們訓練自己用正念專注於想的單純感知，不要超過這個層面而去判斷和解讀。我們要提醒自己，概念葛藤會阻礙清明的想，並且要總是盡力全面且無偏頗地感知事物。我們的想，就像身心的其他組合成分一樣，一直在變化，絕不會帶給我們永久的滿意或不滿，對此我們要保持正念。當我們深入明瞭，一切想的內在本質就是無常、苦、及無我時，就沒有衝突對立的餘地了。

3 淨化的想

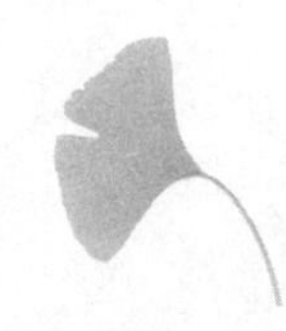

爲了避免讓「想」變成煩惱痛苦，佛陀教導我們一種訓練方法。如前所說，「心」或說「識」本身，是清淨光明的。但是當感官接觸到對象時，啓動的一連串心理活動，能夠讓心（識）不清淨。我們已知，如果對於感知對象具有先入爲主的觀念，就爲我們的感知加上有色的判斷，使得未經訓練的心生起貪愛和瞋恨等等煩惱。如果我們希望克服這些煩惱，就必須透過禪修來淨化我們的想蘊。

佛陀說，想的生起滅去有兩種方式。某些想的生滅是出於原因和條件（因與緣）。由於無常，某些想生起而其他想就滅去，因爲支持它們存在的因與緣已經改變或終止了。例如，我們生起「陰天」的想，是因爲氣溫、風速、氣壓、雨量、雲層、以及其他氣象條件的組合；當這些因緣改變且太陽出現時，這個「陰天」的想就消失了。

然而，其他某些「想」的生滅則是努力的結果。就如佛陀所說：「某些想透過訓練而生起，而某些想透過訓練而消失。」一個簡單的例子就是聽聞正法，這本身就是一種想的作用；聽聞佛法讓「信」的想生起，並有助於讓扭曲的想消失。我們可能有這些經驗：當我們非常專心地聆聽經典的朗讀、唱誦、或講解時，由於注意力非常集中，使得我們對於聽見的每個字都能深入了解；結果，我們對於佛陀及其教法便生起信心。而聽聞佛法的想，還有其他奇蹟式的效益，包括能使疾病痊癒；因為傳統佛教經典的內容是眞理，而眞理本身就有力量。

背誦眞理以祝願某人健康幸福，是佛教廣爲人知的一種做法。例如，當大迦葉尊者生病時，佛陀去看他並背誦七覺支，當大迦葉尊者聽到這些語句時，病就痊癒了。另一部經則說，當佛陀自己生病時，大純陀尊者同樣背誦七覺支，而佛陀的病就消失了。稍後我們會解釋七覺支，亦即念、擇法、精進、喜、輕安、定、以及捨覺支。當我們在禪修之道上前進而歷經高深的心理狀態時，這些覺支一個接著一個

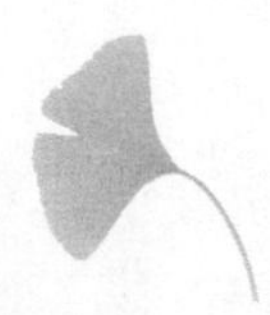

生起。

傳統上，我們也會爲生病或受到驚嚇的人，在特別場合背誦某些經文以祈求安詳、快樂、及自在；這種作法源於歷史事件。《三寶經》（*Ratana Sutta*）說道，當時吠舍離城的人民正遭受瘟疫和飢荒之苦，他們尋求佛陀的幫助。佛陀要弟子阿難尊者走過該城並背誦一篇短經，宣說三寶的眞理，亦即覺悟的老師佛陀、他所覺悟的教法、以及他的僧團（佛、法、僧）的眞理。聽聞了這場背誦，該城的災難結束了。

在本書的下一部分，我們將看到經典療癒的另一個重要範例，亦即背誦《耆利摩難經》的十想。當耆利摩難比丘聽聞這些經句並深入理解它們的意義時，就恢復健康了。

正念淨化想

當我們考慮利用正念來淨化「想」時，可能要先知道「想」是怎麼變污染的。佛陀在一些經典裡教導，使光明心變得不清淨的貪瞋染污來自外在。這個教導意指煩惱並不是天生就在心裡的。但是根據佛陀在其他地方所教導的法，若非心裡已經存在有「染污之跡」，否則外在雜染是不可能入侵心裡的。發生的狀況就是如此：有染污的心會尋找與之相應的外在染污，而獲取它所貪求的。

我們可能會好奇，這些染污之跡從何而來？佛陀教導，我們的現在生是業的直接結果，亦即因緣果報。我們過去世有意造作的不善業是因，這無常及苦的現在世就是果。如果我們過去世的心已經完全沒有染污及染污之跡的話，我們根本就不會再投生。相反地，我們會享受超越了生死輪迴苦的清淨安詳狀態，稱爲解脫或涅槃。

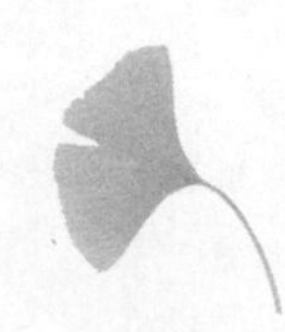

涅槃並非某個存在於我們之外的地方或狀況；其實，它是內在的。涅槃是一切煩惱的完全寂滅。當我們的貪瞋癡被摧毀的那一剎那，涅槃就生起。要克服煩惱及達到涅槃的關鍵在於培養（或訓練）自心。正如佛陀所說：「就像雨不會滲入修建完善的房屋一樣，貪愛也不會滲入訓練良好的心。」所以，我們該如何進行訓練呢？首先，我們必須了解想要成就的是甚麼，並在禪修以及生活中都發展一些正念的技巧。我們利用正念小心守護感官，避免讓外在煩惱侵入內心。我們也利用正念來避免讓內心的染污之跡，例如貪愛、瞋恨、貪婪、忌妒、驕傲等潛在習性（隨眠煩惱）生起。如果這些努力都不成功，潛在習性仍然生起，並且強到展現爲語言或身體行爲時，我們就要更努力以正念來克服它們。

然後，不要憂慮過去的不善念，反之，我們要生起諸如慷慨、耐心、慈愛等善念，並致力於增長這些善念。此外，我們用正念守護感官門戶，避免可能激起任何不善習性的感官經驗。就如之前所說，正念在本質上是毗婆舍那或內觀禪修。只有內觀禪修能夠訓練心去守護及管教它自己，淨化自心，最終摧毀一切煩惱，包括潛在的習性。

關於這個歷程，讓我們看一個具體的例子：

● 比方說，我們的瞋恨想展現為對於某人的強烈憤怒，因為此人曾經傷害過我們；這種狀況令我們深受困擾。由於曾經聽聞佛法並深入了解，我們認知到陷入瞋恨的危險。

● 結果，我們持守戒律以守護感官。例如，我們用正念來避免一再思索令我們生氣的人或引起我們憤怒的情境。我們也避免看見這個人或與他交談，不讓感官經驗引生更多的想，而激發我們的不善習性。

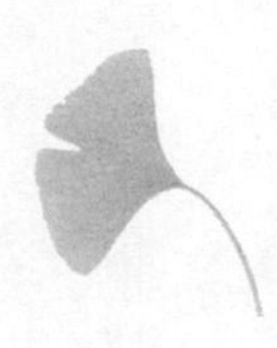

●最後，隔絕掉了感官刺激，我們得以利用忍耐或慈愛等善的所緣，連續禪修幾個小時。透過這種做法，我們放下之前的瞋恨想，並培養良善的、能導向解脫的新的想。

對於引起貪求和渴愛的感官欲樂想、分散禪修專注力的不安及憂慮想、瞌睡及昏沉想、以及對於佛陀和教法的懷疑想，我們都可以使用同樣的方式處理。重要的是認出這種狀況：我們還不能夠淨化內心舊有的煩惱時，可以試著避免新的煩惱侵入內心。此外，禪修能夠不增強舊有煩惱，減弱它們的力量；因爲當舊有煩惱得不到滋養時，就會變弱、不起作用、甚至萎縮。

如此，雖然對於過去的缺乏正念已經無法改變，但我們能夠謹記過去的失念教訓，並試著在現在保持正念。過去的失去正念讓貪瞋癡進入內心，這些煩惱造成我們的不快樂，而我們不希望繼續如此。雖然我們無法一次就完全去除煩惱，但能夠一點一滴地削弱它們。

事實上，進行這個歷程就是遵行佛陀之道。我們精進努力，目標在於淨化內心的染污及痕跡。隨著心的淨化，想也淨化了。就如前面所說，想是五個相關的心所之一：觸、受、作意、思、想。由於這五個心所密不可分，任何會影響識的心理狀態，也會影響其他作用。因此，當我們以清淨光明的心來感知時，想也變得清淨光明。

透過在禪修以及日常作息中保持正念，我們會開始看見佛陀之道的開展。道在哪裡？甚麼是道？它就在我們內在；我們可以說，在心以及心的活動裡。我們不可能在其他地方找到它，道不在書本裡、不在店鋪裡、不在寺廟裡，而是在我們內在。正念則是打開通往此條道路之門的鑰匙。

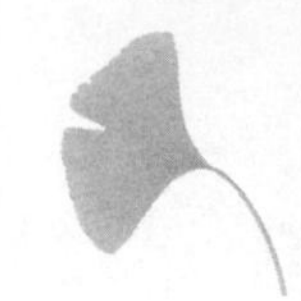

淨化的想及正道

走上佛陀之道的第一步，是利用我們的想來聽聞佛法。佛陀說，人們可分爲三類：未受教的凡夫、受教的凡夫、以及受教的聖弟子。未受教凡夫就是那些「尚未聽聞教法者」。當然，他們聽聞過許多其他的事；他們的耳朵聽過許多聲音，他們的心則充滿了各種概念和想法。但除非他們聽聞到正確的教導或法，否則就是未受教凡夫。爲數眾多的這些人，會被業牽引而一再投生，在生死輪迴中受苦。只有很少數的未受教凡夫，能夠從這輪迴中獲得解脫。

受教凡夫則是那些善用聽聞能力，正念分明地聽聞了正確教法的人。但除非他們將所聽聞到的教法付諸實踐，否則也不算是進入佛陀之道。而受教聖弟子則不但聽聞了正確教法，也仔細審查了教法的意義，並且體證到它的眞相。他們不但知道心是光明的，也了解心需要訓練才能淨化。因此，他們採用前述的方法修行，培養光明且清淨的心。由於遵行這條修行之道能趨向聖潔，所以稱爲聖道；而由於它有八個步驟，所以又稱爲八聖道。遵行這八聖道的人，就稱爲聖弟子。

佛陀在第一次說法時，就解釋了八聖道。佛陀在證悟後到了瓦拉納西，在這個地方做了第一次說法，宣說他所體證到的四個最重要的眞理，亦即四聖諦。第一聖諦（苦諦）是：生命的特質就是苦或不滿意。第二聖諦（集諦）是：爲了斷除苦，我們必須斷除苦的起因——主要是渴愛或貪求，但瞋恨、無明、及其他虛幻妄想也是。第三聖諦（滅諦）則是：確實有苦的止息或寂滅——涅槃，在貪、瞋、癡完全摧毀滅除後生起。而第四聖諦（道諦）則是：達到這個目標的方法，亦即遵行八聖道。這條正道——正見、正思惟、正語、正業、正命、正精進、正念、正定，就是我們克服既有煩惱，並培養聖潔性質的方法。

佛陀指出的這個獲得心靈成就的方法，並非只是理論。即使是佛陀，在覺悟之

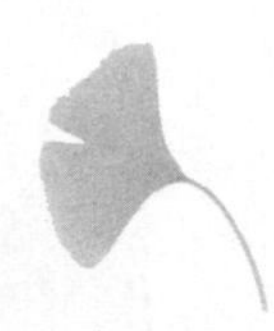

前，他的心也不完全清淨。就和我們一樣，他也爲煩惱所苦，亦即貪、瞋、癡三不善根、以及它們衍生出的支幹、障礙及結縛。障礙（蓋）就是心的不善習性。《念住經》（*Satipatthana Sutta*）列舉了五種障礙〔五蓋〕：感官欲愛、不安及憂慮、惡意、懶惰、及懷疑〔貪、掉舉、瞋、昏沉、疑〕。這些負面心態障礙了我們禪修時的專注能力，因而阻礙了心靈的成長；但障礙的生起是暫時的，可以透過努力來克服它們。

結縛則是在未覺悟的心中，比較強韌且根深柢固的習性。總共有十結❶：相信有一個恆常的自我、疑結、執著於儀式、感官欲愛、瞋結、貪愛精細的物質存有、貪愛非物質的存有、我慢、焦躁不安、無明。這十種負面的煩惱習性，將我們牢牢繫縛於痛苦的生死輪迴中。雖然有些結縛和障礙的名稱相同，但結縛是比較根深柢固於心的；因此，它們需要更多努力和更深層次的正念和專注才能根除。結縛就像竹子的根一樣；一旦它生了根，就很快四處蔓延，盤根糾結成龐大的一叢。要掘出這樣的根是很困難的，但除非竹根都已經完全且徹底去除了，否則竹子就會一再生長。經典中也描述了心的類似習性：「就和樹一樣，即使被砍倒，但如果樹根未砍斷且牢固，就會再發芽；同樣地，除非潛藏的貪愛完全根除，否則痛苦就一再地發芽生長。」

我們爲了達到清淨心，便開始遵行佛陀之道，此時對於八聖道只有淺顯理解或是以鳥瞰的觀點來修行。我們以正念注意自己的身體、感受、認知、思想、識（五蘊）。正念觀察是沒有貪、瞋、癡的觀察。當障礙生起時，我們用正念阻擋它們入

譯註：

❶十結：見結（身見）、疑結、戒禁取、欲貪、瞋（前五個為「五下分結」）、色貪、無色貪、我慢、掉舉、無明（後五個為「五上分結」）。

侵內心。當障礙克服了，我們就體驗到單純專注的力量（定力）。我們就用這個專注力挖掘出更深層的心理行爲，好認出並根除結縛。

我們藉由這樣的歷程，可以看到整條道路開展出來。我們每次修行八聖道，都讓心清明一些。然而，除非修行圓滿了，否則我們的心並不完全清淨。但隨著修行，我們的理解加深了；而隨著理解加深，我們繼續不斷地修行。然後終有一天，八聖道在我們心裡是那麼的清楚，對於道的懷疑消失了，而七覺支等正面特質開始於內在增長。

想的止息

此外，當我們正念禪修的體驗加深時，受引導的正念透過類似歷程，而達到一種高深的心理狀態，稱爲禪那。禪那是禪修深入且寧靜的狀態，在這種狀態裡，許多良善的心所和諧地共同運作。而隨著我們的進展以及經歷這些禪那，想也逐漸淨化，直到想本身也被放下了。這個順序可以簡短地描述如下：

- 隔離了感官欲愛及不善心態，我們進入並安住於初禪。初禪是一種美妙的喜樂感受，在降伏了負面狀態的心裡生起。我們能夠以導向且持續的念（尋、伺）❷，「沉浸」入一個禪修所緣裡（例如慈愛），並體驗到出離障礙所生起的喜悅快樂（離生喜樂）。透過訓練，感官欲愛、瞋恨、掉舉、昏沉、疑都放下了（五蓋不起），而心中生起一種嶄新的喜樂想。
- 在二禪，我們放下了尋與伺，心變得更平靜。二禪的特質是內在的信心及專

---

❷尋、伺（applied and sustained thought）：心所之名；舊譯作覺、觀。「尋」為將注意力導向所緣，「伺」則是將注意力持續在所緣上。

一，心因爲專注而充滿了喜樂幸福（定生喜樂）。此時，初禪時因出離障礙而生的眞實微妙喜樂想（離生喜樂）由於訓練而褪去了，取而代之的是一種嶄新的眞實微妙喜悅幸福想（定生喜樂）。

- 在三禪裡，喜也褪去了，而我們體驗到純然的正念，伴隨著平等心（捨）。心是清明且敏銳的。
- 在四禪裡，我們體驗到既非愉悅也非不愉悅，既非快樂也非不快樂；心充滿了一種眞實微妙的平等想以及正念。此時，八聖道的開發已縮窄到最後一步，正定。這個強而有力的專注能認出五蘊的無常、苦、及無我，沒有名言思想地直接理解這個眞相。諸如「我」、「我的」、「我是」等概念消失了，取而代之的是內觀洞見及平等心。心是光明、純淨、明亮、無瑕的。

第四禪奧妙地轉變了我們的想。隨著心的逐漸純淨，想也開始達到它的極限。

雖然由於心和所緣的接觸，愉悅、不愉悅、或中性的感受仍然會生起，但是對於這些感受的認知是沒有貪、瞋、癡的。我們僅只是感知愉悅感受、不愉悅感受、或中性感受，同時理解，當引生這種感受的（心與所緣的）接觸終止時，這個相應的感受也就止息滅去了。

心停留在一種平等的狀態，既不執取愉悅想，也不排斥不愉悅想，或忽略中性的想。我們深刻地了解，一切想以及引起想的一切事物都是無常的，沒甚麼好執取或喜悅的，也沒甚麼好排斥或討厭的，更沒甚麼好忽略的。心變得像是眞金一樣，純淨明亮、可延展塑造、易於使用、並且光芒四射。就像佛陀在《界分別經》（*Dhatuvibhaga Sutta*）中所描述的：

比丘們，假如一位金匠及他的弟子想要生起火爐，燒熱坩堝，用鉗子

將金子夾起放入坩堝裡〔煉金〕。他有時候會鼓風，有時候則灑些水，而有時候他就只是看著。這金子會變得精純，更精純，完全精純，毫無瑕疵、全無渣滓，可延展塑造、易於使用、並且光芒四射。於是，無論他想把它做成甚麼樣的飾物，金手鍊、金耳環、金項鍊、或金環，都可以隨心所欲。相同地，比丘們，那時〔心裡〕只留有平等，純淨且明亮，可延展塑造、易於使用、並且光芒四射。（菩提比丘英譯）

然後就如金匠提煉純金一樣，我們用訓練良好的心來禪修，超越色界的初禪到四禪，到達四無色界禪：空無邊想、識無邊想、無所有想、非想非非想。這些狀態稱爲無色界，是因爲我們要克服了所有物質形相〔色〕的想才能達到。在每一個更高階段，前一階段的想褪去，而新的、更純淨的想生起，直到達到了想的極限。在那一點，我們理解到：「心理活動對我比較無益，沒有心理活動更好。如果我思考或想像，這些已經獲得的純淨的想就會終止，而比較粗的想會生起。假如我不思考也不想像呢？」所以，我們既不思考也不想像。

由於只有純淨的想生起，所以較粗的想已不再生起，平等心是純淨而明亮的。因此，我們不會形成正面或負面的想法或感受，也不會對人事物產生善或惡的意圖。因此，對於由身心所組成的這個世間裡的任何事物，我們不會產生貪愛。當我們不貪愛時，就不會焦躁不安。當我們不焦躁不安時，就獲得寂滅——個人的涅槃，苦的止息。就如佛陀所說的，這個狀態生起的知和見如下：

「我心解脫不可動搖。這是我的最後一生。不再有新的存有了。」

▌第二部▐

十種療癒的想

4 無常想

有一次，佛陀住在舍衛城的祈樹給孤獨園，當時耆利摩難比丘生病了，深受病痛折磨而且命在旦夕。

於是，阿難比丘去見佛陀，禮敬之後在一旁坐下，向佛陀說：

「尊者，耆利摩難比丘生病了，深受病痛折磨而且命在旦夕。如果世尊慈悲去探望他，該會很好。」

「阿難，如果你去探望耆利摩難比丘並告訴他十想，則他的病痛有可能在聽聞後立即減輕。是哪十想呢？」

「一、無常想，二、無我想，三、不淨想，四、過患想，五、捨斷想，六、離貪想，七、滅盡想，八、一切世間無喜想，九、一切行無常想，十、入出息念（安那般那念）。」（菩提比丘英譯）

在眾多的「想」中，佛陀選了這十想作爲療癒的想，並要阿難去告訴耆利摩難比丘。他爲什麼選這十種呢？明顯的原因是，這些想沒有扭曲。或許耆利摩難比丘生病，是由於受到扭曲的想折磨。爲了治好他，佛陀希望他能在這十想中的每一想裡，看見未扭曲的眞相。看見眞相時，心會變得喜悅。佛陀鼓勵耆利摩難比丘認出並接受，一切事物總是不停改變的，藉此激發他的喜悅。了解這個道理之後，耆利摩難比丘就不會貪著；不貪著身體、心、感受、思想、或感知（五蘊），他就不會受苦。就如佛陀所說：

> 完全了知五蘊的生起滅去時，
> 修行者獲得了喜悅和快樂，
> 對覺者而言，這是無死之境。

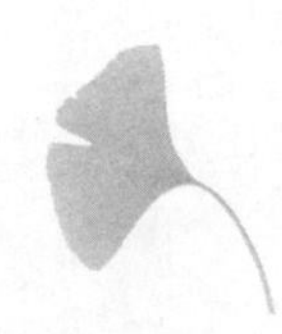

在本書的這一部分裡，我們要探討佛陀爲幫助耆利摩難比丘所說的十想，並檢視它們如何能夠有助於終結痛苦。在開始之前，重點是要了解佛陀療癒法的邏輯。佛陀常被稱爲「醫者」或「醫王」，治療病人們的各種生理及心理疾病。佛陀所開的法藥通常包括，要人們面對他們希望逃避的眞相。通常我們寧可聽到事物恆常，充滿歡樂，藉由自我而延續增長。但是當我們受苦時，便願意配合進行不愉快或痛苦的醫療程序。我們即使不情願，也允許醫生護士用注射器戳我們，抽血以做診斷，然後又願意吃醫生所開的任何藥。同樣地，佛陀告訴我們，要獲得心靈平靜，我們必須觀修一些痛苦的眞相。

所以，舉例而言，佛陀首先建議的就是觀修無常想。對於年紀已高的長者，他建議省思那無可逃避的死亡。爲了避免因失去所愛而導致悲傷絕望，他建議省思與所愛者別離之苦〔愛別離苦〕的眞相。而弔詭的是，透過觀修無常，我們便開始在趨向恆常安寧的道路上前進了。

然後我們觀修一切存在事物的無我。爲了具體而實際地了解無我，我們接著觀修因爲擁有身體而帶來的不滿意和苦。這身體由許多部分組成，全部都在老化敗壞中，沒有任何部分含有所謂的「自我」。當我們體悟到身體及其各部分都可能帶來年老、疾病、死亡等痛苦時，我們便禪修以斷除造成苦的原因——貪求及渴愛。這種體悟激勵我們禪修，培養離貪的心態，不再執著於此生體驗到的苦樂。離貪引導我們禪修於寂滅，亦即佛陀所說的苦的滅盡。要成就寂滅，我們禪修放下一切殘餘的貪愛，甚至再生的貪愛。最後，我們再度正念觀呼吸，觀呼吸是完成前面每一次體悟所必要的通用方法。

如此看來，《耆利摩難經》是一個完整的禪修法，不僅保證治癒身心的疾病，也讓我們往前走向究竟療癒的解脫——涅槃。

「阿難，甚麼是無常想呢？比丘到了森林，去到樹下或空屋裡，如此省思：『色無常，受無常，想無常，行無常，識無常。』如此，他安住於觀修五取蘊的無常。這稱爲無常想。」（菩提比丘英譯）

第一種療癒的想就是，五蘊（色、受、想、行、識）是無常的，總是不可避免地改變著。佛陀並非當時發現此眞理的唯一一人；同時代的希臘哲學家赫拉克利特（Heraclitus）也看見，一切事物都是無常的。他說：「你無法踏入同一條河流兩次。」但是我們無法得知，古希臘人如何利用對於無常的了解。若只是關於無常的理論性知識，並不能眞的幫助我們或改變任何事；必須是體驗性的知識（智慧），而且必須應作有益的應用。

事實上，要認出無常並不困難。當我在華盛頓特區的佛教精舍時，那是在美國建立的第一個上座部佛教僧團，見到一位只有十天大的小男嬰，他的父親經常帶他來精舍。這位小男嬰看來很喜歡見到我；當他開始會爬時就爬向我，很高興地伸手要我抱他。他一天天長大，就像是我的小孩一樣。有一天，當時他已將近十歲，我從出外旅行回到精舍。這小孩到我面前，想要擁抱我。我告訴他：「你長這麼大了，無法擁抱了。」

他也同意：「法師，讓我們面對現實吧！一切都是無常的。我長大了，而你不再能抱我了。」

甚至這小男孩都知道，一切事物無常！

我們也承認無常，但我們的承認是淺薄的；恆常感依舊潛伏在深層的潛意識裡。或許就是這潛藏的恆常感，讓我們不斷地去修補牙齒、乾燥皮膚、脆弱的指甲、白頭髮、駝背、減弱的視力、聽力障礙、骨折、以及其他許多因爲無常而在這

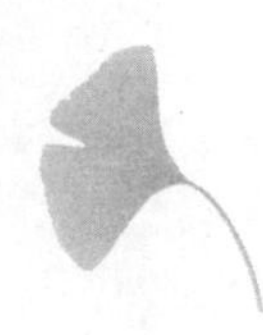

脆弱身軀造成的問題。同樣地，我們的心情、感受、思想、認知、以及記憶，在每一剎那都歷經許多變化。我們吃藥、見心理諮商師、進行包括禪修在內的各種活動，以矯正我們的心靈。但是當我們做這些事的同時，無常仍然繼續有系統地改變我們身心裡的一切，最終摧毀它們。我們的器官、細胞、神經系統、血液素質、肺活量、以及骨骼架構，都正進行著非常快速且正確無誤的改變。無論我們如何修補表面，在皮膚底下，無常仍然持續不斷地運作。地球上沒有任何事物，能停止這個改變，無論是科學、技術、或魔術都不能。

當我們認清領悟了這個狀況時，問題就變成：我們應該用這個知識做甚麼？我們怎樣讓這種理解有用？佛陀的回答是：無常是打開心門，了解苦及無我的鑰匙。他清楚地指出，無常與苦之間的關聯。他教導我們，並非無常本身造成痛苦，而是對於無常事物的執著造成痛苦。當我們不再執著無常的事物時，我們的苦就止息了。就如佛陀在《大空經》（*Mahasunnata Sutta*）中所說：「阿難，我未曾見過任何一種色，當它改變時，不會在貪求它、喜愛它的人心中，生起憂愁、悲嘆、痛苦、哀傷、以及絕望。」

這一段清楚說明了，痛苦的生起並非由於事物無常，而是因爲我們對它的執著。當我們獲得覺悟時，便不再受苦；但是並沒有任何無常事物會變成恆常。無常事物依舊無常，無論我們覺悟與否。沒有甚麼能終止事物的無常本質，無論佛陀出現與否都一樣。覺悟能止息痛苦，是因爲覺悟者不再貪求或喜愛每一剎那都在改變或滅去的事物。當我們放下對於無常事物的執著時，我們的痛苦也會終止。

但是在佛陀深奧的智慧裡，他更進一步深入。他看見，人不僅不可能踏入同一河流兩次，踏入河流兩次的也不可能是同一人。換句話說：不僅我們周遭的事物不斷改變，我們自己也是每一剎那都在改變中。當我們禪修於自己的身心五蘊

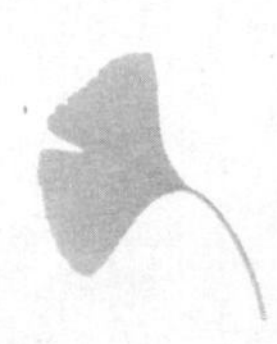

時，可以看見它們全部都是無常的——過去、現在、未來、內在、外在、粗、細、劣、勝、遠、近，都不斷改變滅去，毫無蹤影。沒有甚麼是不朽的，沒有甚麼是永恆的。任何事物都會消失，完全不留任何痕跡。這種了解稱爲「無我」。就如佛陀在《蘊品》（*Khandavagga*）中所說：

身體就像一堆泡沫❶，
感受則如水泡一樣；
認知就如海市蜃樓，
造作行爲則如芭蕉，
而識就像幻夢一樣。（菩提比丘英譯）

對於「無相」的覺知，有助於消融我們對於無常事物的貪愛執著；它也會讓瞋恨厭惡消失，因爲沒有甚麼是恆常的，値得瞋恨厭惡的。想要執取任何事物的渴望終究會破滅，這帶來痛苦。觀修這痛苦能生起「無願」解脫。我們凡夫俗子的「願望清單」已經空白了，不再渴望任何事物了。這種理解稱爲「無願」。因爲一切事物都正不留痕跡地消失中，在我們心裡也生起無我的覺知。沒有甚麼，也沒有一個誰好執取的；內在裡沒有核心，也沒有任何不動的推發動者，自我的觀念消失了；這種理解稱爲「無我」或「空」。

「無願」、「無相」、以及「空」，通稱爲「三解脫門」。當我們認出，一切無常事物都在變化中，毫無蹤跡遺留，而一切無相、無常的事物都空無自我，只會導

譯註：

❶舊譯為：色如聚沫、受如水泡、想如陽炎、行如芭蕉、識如幻境。

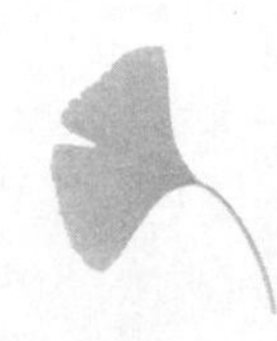

致痛苦時，我們想要擁有或執取那不斷改變、產生痛苦、且無我的人事物的渴望就消失了。我們只希望解脫，從這一切解脫而獲得自由。就如佛陀解釋的：「看見一切因緣合和事物（有爲法）的無常、苦、及無我，就對任何事物都不貪戀了。」

由於不貪戀，我們變得無欲而冷靜，意思是不再渴望任何事物，也不執著。有了離貪且冷靜的心，我們便能以平靜、平等心看著一切事物的寂滅止息。這種智慧讓我們徹底地放下了執著。以這種方式，我們發展出對於實相本質的洞見（觀智）。就如佛陀所說，我們的人生變得像是空中飛鳥般無跡可尋。所有關於恆常的觀念、任何貪愛、任何自我的觀念都從心裡消失了，留下的只有自由。就如《法句經》所說：

那些不囤積、審愼明智處理食物的人，

那些田地裡只有空及無相的自由的人，

就像空中飛過的鳥兒一樣，

難以追尋它們的蹤跡。（Gil Fronsdal 英譯）

在此我們必須記住，不貪戀的意思並非甚麼都是負面的。不貪戀是心靈上已長大成人，擁有正面而成熟的心態。佛陀用了一個很有意義的比喻來解釋不貪戀。想像有一群小孩在沙灘上堆築沙堡；在建造沙堡及玩耍時，他們把沙堡想像爲眞的城堡。看著小孩玩耍的大人也很開心，勾起了赤子之心。但和孩子們不同，成人不會假裝那些沙堡是眞的城堡。玩了一陣子，孩子們對沙堡失去興趣，也玩累了；他們不再假裝了，便把沙堡推倒摧毀，沙子四處散落。但成人們並未假裝沙堡是眞的，所以他們對於沙堡倒塌也不會失望。

佛陀說，我們就和小孩一樣，經常用無常的沙堡玩著假想遊戲。但終究我們會

開始認清，對於無常事物的執著，尤其是執著五蘊，會造成痛苦的生起。因爲事物的改變並不會預先通知，總是出乎意料之外，因此我們便生起不滿。由於無常作用在我們自己以及周遭事物上，我們便開始領悟，並沒有一個恆常的自我或靈魂，可以控制或停止這離散瓦解的歷程。以智慧看見這整個歷程時，我們開始對於一切受制於無常及苦的事物失去貪戀。以智慧看見無常，是捨斷不善身心習性的關鍵；它有助於培養不執著於有爲法（受因緣條件制約的事物）的心態，引導我們達到苦的滅盡。

此外，就如我們在《耆利摩難經》裡學到的，無常想能夠幫助我們治癒疾病。無常想怎麼能醫治，並不難理解。無常並非存在於空無裡，一定必須先有甚麼，然後才無常變化。色、受、想、行、識五蘊是無常的。在識裡，觸和作意是無常的。就如前述，每當感官接觸到對象時，觸、受、想、思、作意這五個心所就會生起。

所有這些心理運作的心所都是無常的。

當我們生病或身體疼痛時，心有時也會低沉抑鬱。但是了知無常讓我們認知到，疾病及它引生的疼痛也是一直在改變的，所以我們並不抱怨，而是觀察正在發生的變化。當我們以正念觀察時，會發現疼痛有時增強，有時減弱，甚至可能忘記疼痛感，冷靜地觀察到疼痛感消退，而中性感受生起。這時候，我們也會注意到心理的憂鬱也消散了，取而代之的是一種中性感覺。

正念分明地觀察這些變化，有時候疼痛感的無常會導致快樂感生起，因爲我們能看到無常的痛苦逐漸消失了。有了這種體悟，我們開始充滿喜悅，生起了愉悅感。而喜悅感受總是正面的，它們在身心裡釋放出健康的化學物質，因而能加速療癒。以此方式，在我們認知到疼痛感的無常眞理之後，療癒便隨之而來。如此，無常想能療癒此生的痛苦，最終也帶來完全解脫痛苦輪迴的涅槃。

5

無我想

「阿難，甚麼是無我想呢？比丘到了森林，去到樹下或空屋裡，如此省思：『眼無我，色無我；耳無我，聲無我；鼻無我，香無我；舌無我，味無我；身無我，觸無我；意無我，法無我。』如此，他安住於觀修無我於此六內、外入處❶。這稱爲無我想。」（菩提比丘英譯）

就如此段經文所說，六個感官、它們相對應的外在（可觸對象）及內在對象（心理現象）、以及身、心都是空無自我的。我們以正念禪修一一檢視，並且不得不做出結論：一切事物，無論是過去、現在、或未來、內在或外在、粗、或細，全都是無常且令人不滿意（苦）的。而且，沒有任何力量可以讓無常變恆常，讓不滿意變滿意。

當我們以智慧正確看待事物時，對於一切存在的事物，我們可以總結地說：

「這不是我的」、「這不是我」、以及「這不是自我」。當然，在日常生活中爲了方便，我們會說：「我在這裡」或「這是屬於我的」。但是我們必須不愚蠢自欺，以爲這些話的意思是指，有一個不變的實體是我，或屬於我的。事實上，就如無常想所示，一切事物都是在持續變動中，依著不斷變化的因緣而聚散離合。當然，這感知到的變化，也適用於我們的身心五蘊——色、受、想、行、識。正因爲身心各面向總是在變化中，所以我們內在並沒有甚麼可以被當作一個恆常的自我或靈魂。

無我的教理是佛陀教法所獨有的，它有很多重要影響。首先，它反對造物主的信仰，亦即相信生命的存在是由造物主賦予自我或靈魂，而死亡後靈魂又回歸造物

譯註：

❶六內、外入處：六根為六內入處，六塵為六外入處，合稱十二入處。

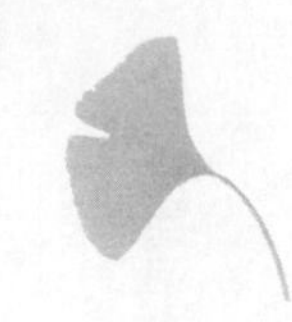

主。失去了造物主信仰提供的確定性，有些人可能會因而沮喪害怕，並爭論如果缺乏這種確定性，生命就失去意義或無可盼望。然而，若黏著於這種恆常及確定的觀念，會使人死板僵化並缺乏彈性。相反地，接受無我的教理能幫助我們更放鬆，並對一切發生的事感到知足，因爲我們知道樂和苦都只是暫時的狀態。我們了解，缺乏確定性讓我們有機會去適應變化中的處境，並且在心靈上長大成熟，承擔起自己生命的責任。

此外，無我想有助於治療疾病，經典裡記載著許多典故。例如，在《差摩經》（*Khemaka Sutta*）裡可見到差摩比丘的故事，他是佛陀的弟子，生了很重的病而十分痛苦。僧團裡許多長老都去看望差摩比丘，並詢問他佛陀所教的無我教理。在解釋無我的意思時，差摩比丘本人及其他聽講的比丘們都證得覺悟了。

爲何無我想具有療癒力量？原因可能如此：當差摩比丘在解釋無我的意思時，

非常平靜放鬆，而聽眾也很平靜放鬆。放下焦慮和緊張，在心理和生理上都有很大的療癒作用。當我們生病時都曾體驗過，壓力和焦慮會加強痛苦。例如：當我們等待醫生診斷時，由於想像和恐懼，經常使得疼痛症狀更加惡化。而當我們聽到這病能夠治癒時，便放鬆下來，而疼痛通常也減輕了。同樣地，當有人正念分明地聆聽無我的教導時，他們就從誤以爲要保護自我而帶來的緊張壓力中解脫了。當我們放鬆心情，放下緊張壓力時，能帶給身心極大的舒緩解放。這種舒解帶來強大效力，能釋放正面能量並加速康復的時程。

在耆利摩難比丘的例子裡，我們推測，他的疾病可能與剛強和緊張有關，因爲對於自我懷有扭曲的觀點所致。佛陀是診斷正確的醫生，開給耆利摩難比丘對症的藥方。觀修無我想，讓耆利摩難比丘得到足夠的放鬆，而加速痊癒，重獲了他的健康。

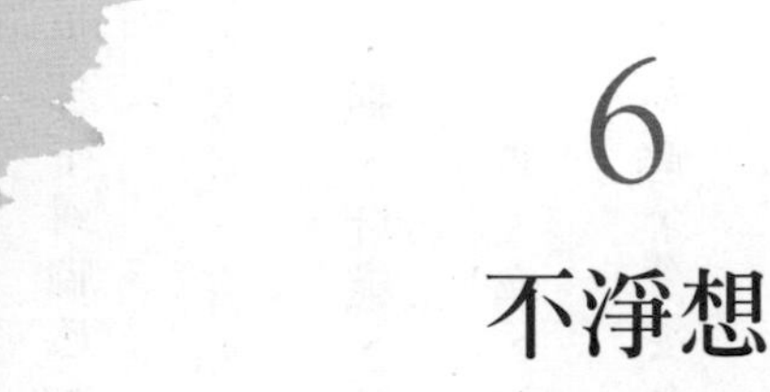

6

不淨想

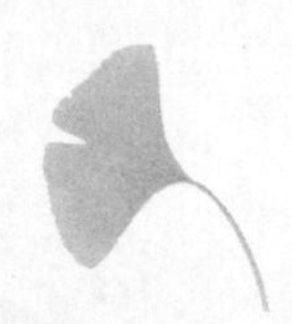

「阿難，甚麼是不淨想呢？比丘檢視這具身體，從腳趾往上到頭頂，從髮尖往下到腳底，皮膚所包覆的整個身體，充滿了各種不淨：『這具身體裡有頭髮、身毛、指甲、牙齒、皮膚、肌肉、筋腱、骨骼、骨髓、腎臟、心臟、肝臟、肋膜、脾臟、肺臟、腸、腸間膜、胃中物、糞便、膽汁、痰、膿、血、汗、脂肪、淚液、油脂、唾液、鼻涕、關節滑液、尿液。』如此，他安住於觀修此身體的不淨。這稱爲不淨想。」（菩提比丘英譯）

我比較喜歡用「無吸引力」這個詞，另一種說法是「不淨」。對身體各部位作不淨想，是想隨觀的一個重要部分。不淨想教導我們如何眞實地、如其本然、不加扭曲地感知身體，不生起慣常的執取或厭惡等等情緒反應。要能正確感知身體及其各部位，關鍵在於正念。我們在鏡中所見到的身體，並未顯示出它本身及其各部位的無常、苦（不滿意）、及無我。但是當我們以正念檢視身體時，就會看到這些法性從各部位生起。「不淨」在此並非指身體部位的不舒服，雖然有些部位的確如此；它指的是，身體及其各部位總是在改變（事實上是衰老敗壞）的眞相；因此，身體是苦的，而且沒有任何恆常的自我或靈魂。

學習如實地以智慧看待身體，對我們的心理健康非常重要。我們都知道有些人極度自傲於自己動人的外表，而另有些人則因爲自認毫無吸引力而沮喪憂鬱，這全都來自於他們的幻想雜念。透過觀修身體的不淨，我們重新設定自己，如其本然地看待身體各部位，既不執著也不排斥。這種不同於一般認知方式的想，爲我們的心帶來極大的解放。當我們完全如實地感知事物時，就既不愛它也不恨它；相反地，我們會放下美醜的概念，感知身體只是無常、苦、及無我的。

對於身體及其各部位，我們應致力培養平等心（捨）。在《大念住經》裡，佛陀善巧地說明了這個必要的心態。佛陀說，假設有滿滿一袋穀子，內有米、糙米、水稻、扁豆、大麥、芝麻、芥末、碗豆等等；就說有三十二類種子在袋子裡吧！我們打開袋子，要求一位視力良好的人查看裡面。這個人看了之後可能說：「袋子裡有米、糙米、水稻、扁豆、大麥、芝麻、芥末、碗豆。」他只是指認出各類種子。他並不會說：「這是大麥，我討厭大麥。」或者「這是芝麻，我最愛芝麻了。」他只是完全照實地指認出穀子。這是正念認知，以平等心認知。

我們可以輕易看出，這種真實認知（想）如何能夠治療疾病。當耆利摩難比丘生病時，他可能執著於身體的健康部位，而厭惡生病的部位。佛陀正確地診斷出這種狀況，善巧地教導耆利摩難，平等無偏差地感知身體各部位。觀修身體各部位時，耆利摩難體悟到每個部位都是脆弱而難免受苦的。對任何部位執著或瞋恨，是毫無道理的。這個心態平等及平衡的認知，給予他心理及生理上的解放，幫助他的身體恢復健康。

由於觀修身體各部位的不淨十分重要也非常有益，讓我們更詳細地來看，如何開始這種觀修。

● 首先，我們將身體各部位分類，好讓我們的想聚焦。佛陀將身體分爲三十二個部位❶，如經中所說。這些部位的前二十個是堅實的，屬於身體的土元素（地大）；後十二個部位則是液態，屬於身體的水元素（水大）。

譯註：

❶又稱為「三十二身分」，是觀身不淨的方法。

我們從前五個堅實部位開始觀修：頭髮、身毛、指甲、牙齒及皮膚。從這五個開始，是因爲它們最明顯可見，也是人們相遇時眼睛最先看到的部位。它們更是很多人想方設法地裝飾、塗抹、修整，好吸引他人注意的部位。由於這些部位如此重要，禪修者可以利用它們來洞見自己是如何看待這個身體的。眞實而深入地了解這五個顯見部位，有助於我們省思皮膚底下其他不可見的部位。

例如，頭髮作爲禪修對象〔所緣〕是效力十足的。在印度傳統上，長頭髮是女人五種誘人特質之一。在西方文化裡也一樣，人們豪不吝惜在頭髮上花錢。專家發明了許多美髮產品；媒體上充斥著這些產品的廣告，保證它們可以讓頭髮好看、自然、美麗、健康、年輕、誘人、而且持久。而新剪的髮型通常成爲親友們的熱門話題；如果有人開始掉頭髮了，他通常會耗費時間及金錢來嘗試生髮或遮掩他的禿頭。

但是以正念看待頭髮時，我們可以看出，頭髮其實比較像是垃圾桶。頭皮屑、灰塵、死皮、甚至蝨子都可以堆積在頭上。如果一兩天沒洗頭，頭髮就開始發出異味而且油膩。我們試著保持頭髮乾淨整潔，用洗髮精洗頭，捲髮或吹直，而且每天梳頭。我們的髮型對於是否自覺有吸引力，也至關緊要。對於我們爲了照護頭髮所作的努力保持正念，有助於認出這種狀況的眞相。

正念也揭示出頭髮是多麼地無常。我們或許記得年輕時的頭髮，柔軟、健康、滑順；但隨著歲月催人老，頭髮也從深棕、烏黑、火紅、或金絲變成灰白，容易斷裂，稀疏或完全掉光。這就是無常。

我們也體悟到，有頭髮其實不是件賞心樂事。當頭髮還在頭上時，我們欣賞它，但是如果那些美麗動人的頭髮掉了一根到碗裡或湯裡時，我們可能把整

碗湯都倒掉。曾經帶給我們愉快喜悅的頭髮，現在卻讓我們不悅或沮喪。從這個例子，我們可以看到頭髮也是令人不滿意的（苦）。

- 最後，我們認知到頭髮並非自我。它不恆常，也不能帶給我們持久的滿意。我們對於發生在頭髮或身體任何部位上的事都無法控制，因爲它並非自我。
- 如此觀修的結果，讓我們得到結論：「這頭髮不是『我的』，不是『我』，也不是我的『自我』」。它就和這個身心裡的任何東西一樣無常且令人不滿意（苦）。
- 當我們以正念認知頭髮，並對這個身體部分培養平等心時，無論頭髮是在頭上或湯碗裡並無差別。我們對它的心態是一致的。

我們一旦對頭髮培養出平衡、平等的心態時，對身體的其他部分也如此一一觀修。無論那個部分是我們認為美麗可讚賞的，或是噁心討厭的，我們都試著培養出同樣的心態。我們的目標不是要對身體感到厭惡，而是要如實地感知身體各部位，既不加扭曲也不賦予概念，諸如身體是美麗的，或它是快樂的泉源，或它是恆常的，或它裡面有著不朽的靈魂等等概念。我們用智慧觀察身體的每一個部分，包括可見的以及不可見的；看待身體就如存在的一切事物一樣，既不美麗也不醜陋。身體是由許多部分組合而成的，所有的部分都一直在不斷改變中。這稱為「以平等心的智慧看待身體」。當我們如實地接納身體時，我們餵養它，清洗它，讓它入睡，完全和平常一樣地照顧它，然而我們是以眞實的了解，沒有幻想或扭曲地做這一切。

由於我們訓練自己以平等心看待這些變化，認出身體及其各部分並非我的「自我」，因此當我們感知身體這些無可避免的改變時，便不再害怕。當我們去除了對

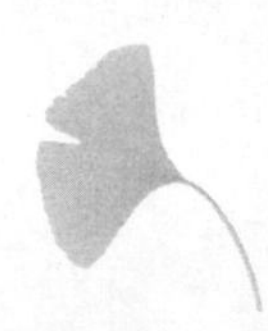

於身體的執著時，痛苦就減輕，而心也變得平靜了。觀修身體各部分也幫助我們了解更深層的眞相。既然我們以正念檢視的身體各部分都顯示爲無常，事實上是衰老敗壞中，我們便能體認並了解，無論自覺多麼英俊、美麗、年輕、健康、或強壯，終究會衰老並失去這一切。對於身體各部分的眞實本質有所了解，在身體出狀況時，也有助於我們不帶焦慮地好好照顧身體。如實地看待身體各部分——它在變化中、衰弱中、生病中、趨向死亡中，有助於我們以注意、專心、及觀想來培養強大的意志力；所以在生病時，可以用心來產生正面物質而影響整個身體的化學作用。有時候，可以專心於某個有病的部位，以強大的觀想力加速它的痊癒。然而，當我們認眞地了解身體及其各部位時，即使身體並未康復，我們也不至於沮喪或過度情緒化，甚至在想到死亡時也能保持平靜。

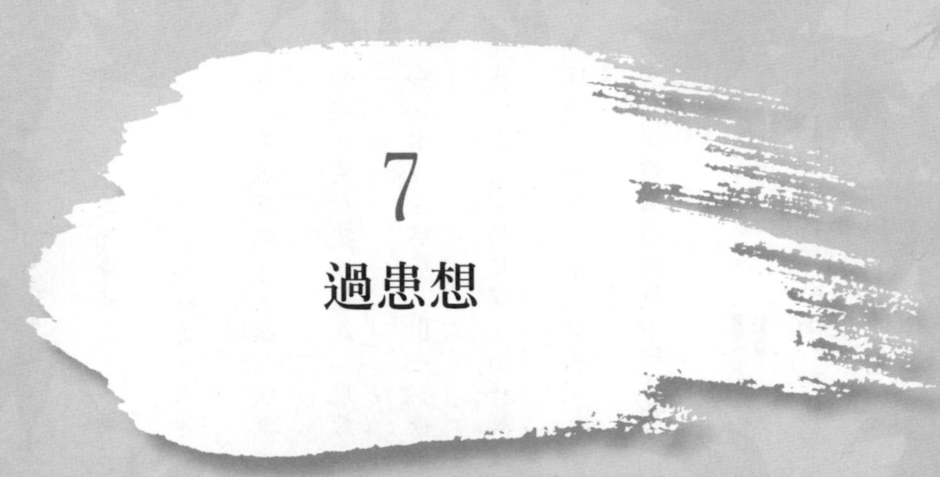

7

過患想

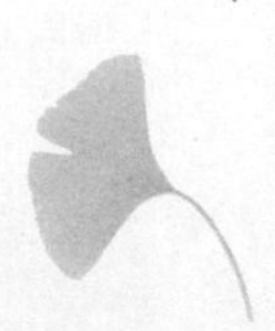

「阿難，甚麼是過患想呢？比丘到了森林，去到樹下或空屋裡，如此省思：『這個身體是許多痛苦和過患的根源，因爲所有各種苦難都在此身體生起；亦即，眼疾、內耳病、鼻病、舌病、身體疾病、頭部疾病、外耳病、嘴巴疾病、牙病、咳嗽、哮喘、結膜炎、熱病、發燒、胃痛、昏眩、痢疾、胃絞痛、霍亂、痲瘋、癬子、濕疹、肺結核、癲癇、皮癬、癢瘡、痂、水痘、疥瘡、出血、糖尿病、痔瘡、癌症、瘻管；由於膽汁、痰、風或綜合引起的疾病、由於氣候變化而起的疾病、由於疏忽而生的疾病、以及冷、熱、飢餓、口渴、大小便等等。』如此，他安住於觀修此身體的過患。這稱爲過患想。」（菩提比丘英譯）

《耆利摩難經》的這一段經文，列出了人類可能會有的各種疾病。佛陀提到了四十八種疾病，從八種原因而生：風、膽汁、痰、綜合的身液（風、膽汁、痰）、氣候變化、濫用身體、自我殘害、以及業。當我們讀到佛陀所列出的疾病時，會發現許多同樣的疾病到現在仍然困擾著我們。雖然我們對於致病原因的了解，可能比佛陀當時更精深，但我們仍然面對同樣的問題，因爲正如佛陀所教導的，人體及其各部分依然同樣是無常、苦及無我的。

佛陀爲何要列出這些疾病呢？而我們逐一讀過這些疾病，又學到了甚麼呢？傳統上，有五種解釋。第一，這個列表提醒我們色蘊的不圓滿。它顯示出這個身體，我們小心照護的身體，是由各部分組合而成，而每一部分遲早都會敗壞崩解。這種認知挑戰我們一廂情願的觀念：身體是一個強壯、健康、美麗、耐用的個體。這種認知有助於我們記住自己有多脆弱，而這無常的色蘊又是多麼頻繁地以種種方式帶來痛苦磨難。第二，當我們逐一讀過這些疾病及原因時，也提醒我們，在眞實人生

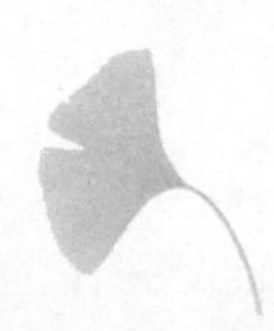

裡，疾病是每一天都可能發生的。觀修這些疾病的目的在於，以全然的覺知接受這個現實，避免通常因生病引起的貪愛或恐懼等情緒反應。

第三，閱讀這個列表，提醒我們身體是無常的。在閱讀這一段的同時，我們的每一個細胞、器官、身體系統都在改變中——生長、衰退，或死亡。心臟跳動著，肺循環著空氣，腎臟、肝臟、胃都正執行著它們的功能；沒有甚麼是堅實或可靠的。事實上，總有可能發生某種危難或疾病，這是無可避免的。認知到這個眞相，能夠在生病時減輕痛苦。第四，憶念生病其實是幫助自己的一個機會，如此可避免在身強體健時自傲於人，也避免自以為優越地憐憫病人。最後，這個列表鼓勵我們要預防疾病，改變行為以避免陷於這些痛苦處境。例如：在其他經文裡，佛陀建議飲食清淡，作為保持健康的方法。

許多經文描述佛陀為內、外科醫師。他的智慧足以診斷出疾病的本質，並開出對症的藥方。一般而言，佛陀的藥方並非傳統醫藥，而是強力有效的萬能法藥，能夠醫治心的錯覺妄想，一勞永逸地消除痛苦疾病。正如佛陀在一部經中所說：

在世間各式各樣的所有藥物中，
沒有一種可以比得上正法之藥。
因此，比丘們，暢飲它吧！
服用了正法之藥，
你將能超越老死，
增長並親見了眞理，
你將不再飢渴貪愛。

從貪愛解脫，就是強力特效藥。憂愁、壓力、神經崩潰、憂鬱、上癮、爭吵、甚至離婚，全都來自於執取和憤怒的負面情緒。身體疾病與我們的情緒健康深有關聯。例如，如果我們讓自己持續惱怒，最終便會大發雷霆。未加關照的憤怒會變成瞋恨，而當我們充滿瞋恨時，便睡不好；睡眠不足又使血壓升高，繼而可能引起中風或心臟病。反之，當我們的心平靜而放鬆時，便較少生病，即使生病了也比較不苦，而且較快痊癒。

了知這個道理，佛陀開出過患想，作爲耆利摩難的處方之一。無論耆利摩難生的是哪一種身體疾病，這個法藥都是對症的治療。正法不僅可以減輕耆利摩難的情緒及身體痛苦，也引導他趨向涅槃，那是不老且超越死亡的。眞理智慧就是如此作爲醫藥的。

8

捨斷想

「阿難，甚麼是捨斷想呢？比丘不容許任何生起的感官欲愛，他捨斷它，驅逐它，終止它，消滅它。他不容許任何生起的惡意……傷害意圖……無論何時生起不善心態，他便捨斷它，驅逐它，終止它，消滅它。這稱爲捨斷想。」（菩提比丘英譯）

「捨斷」是捨棄或斷除某些東西。在這一節裡，佛陀勸導耆利摩難比丘要捨斷、驅逐、去除感官欲愛、瞋恨、傷害他人，以及其他不善的念頭和衝動。捨斷想並不是被動的。我們陷入欲貪、瞋恨或傷害，還有驕傲、忌妒、吝嗇等其他不善念頭的習性，是根深柢固在心裡的。捨斷想需要警覺地努力觀察自心，好在這些想法一生起時便能介入。就如我們說過的，思想總是先於行動。我們的工作就是在有害思想剛剛萌芽時便斷除它，不讓它有機會成熟展現爲不善的行爲。

佛陀在覺悟前，發現念頭分為兩類：不善的以及善的。第一類包括執著、瞋恨及傷害他人。當他一發現心中生起這些念頭時便省思，容許這些想法可能為自己和他人帶來的不利後果。然後他便刻意地捨斷它們。當某個負面想法被克服時，他便保持正念，不讓其他不善想法生起。

例如，佛陀知道執著於感官欲樂，實際上只帶來些許快樂，但卻引起許多痛苦。愉悅的體驗，讓未覺悟的凡夫看不見沉溺於感官欲樂的後果，因而衝動行事陷入執著。這種「高尚本能」短路不通的情況，經常發在日常生活中。我們雖然在理智上接受「愛情是盲目的」，但只有在承受過執著導致的痛苦之後，我們才會記起這個老生常談。當我們墜入愛河時，常會認為世上其他人都盲目不見，只有自己看得出來執著對象（所愛的人）的珍貴可愛。但是當我們反省盲目愛戀導致的痛苦時，便體悟到感官渴望的眞正本質，就只是讓心興奮、焦躁不安、以及激動。在渴

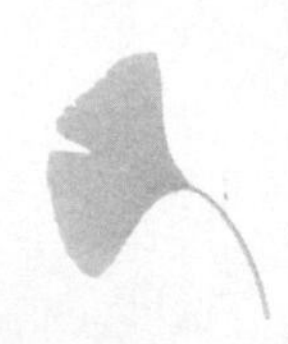

望主宰之下，心是不可能平靜的。見到這個眞相，佛陀教導我們要放下感官渴愛，好讓心保持專注平和。

同樣地，瞋恨擾亂內心，不可能使我們快樂。如果我們容許瞋恨思想，實際上就是爲自己帶來煩惱和持久的痛苦。我們不應愚蠢地受苦。尤其在生病時，我們必須利用正念來避免對身體和它的虛弱起瞋恨。不悅的情緒及負面心態，實際上會加重我們的病情。反之，去除瞋恨則會加速康復。佛陀很了解這點，因此教導耆利摩難要拒絕瞋恨，完全去除它。即使只是傷害他人的想法，也會傷害自己。我們仔細思考便會了解，傷害的想法事實上是傷害自己而非他人。它們就像是鐵鏽從鐵棍內形成一樣，最終摧毀的是鐵棍的強度和完整。同樣地，害人的想法就像是癌症一樣，從體內長出而摧毀自身的健康和強壯。換句話說，當我們捨斷害人的想法時，我們也幫助了自己。立即的效益是焦慮不安、不快樂減輕了，而終究的益處是，我們克服了不善或傷害行爲的衝動，因此避免了造作惡業。

要克服負面想法，佛陀建議的一個方式是，引導心朝向有益的想法。例如，我們用出離想來取代執著於感官欲樂的想法。在此，出離的意思和捨斷或放棄是一樣的。那是一種刻意的決定，要放下渴望、愛欲、貪婪、黏著及貪愛等想法；也是決意要守護感官以避免擾人的衝動，並將注意力聚焦在能夠讓心平和、放鬆、安寧的目標上。

同樣地，我們致力於捨斷瞋恨，以慈愛來取代它們。要記住，瞋恨使人非常焦躁不安，而對一切人事物慈愛友善，又多麼能帶來平靜快樂。慈愛也是一種天生的本能。當我們捨斷瞋恨時，慈愛便自然生起以塡補這個空缺。當我們不再排斥甚麼時，便對一切存在的事物，甚至自己的身體和疾病都能友善接納。

第三種有益的想法是無害。當傷害他人或動物的想法生起時，我們便回想自己

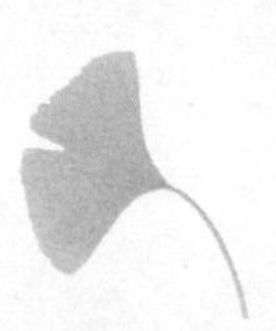

曾經遭受的惡劣對待，以及有害行爲能造成巨大痛苦。結果，我們便能以克制、慈悲關懷他人的想法來取代有害想法。捨斷有害想法讓我們感覺平和快樂，繼而幫助我們克服自己的痛苦。

9

離貪想

「阿難，甚麼是離貪想呢？比丘到了森林，去到樹下或空屋裡，如此省思：『這是安詳，這是莊嚴，亦即一切活動的止息，一切尋求的去除，貪愛的滅除，離貪，涅槃。』這稱爲離貪想。」（菩提比丘英譯）

離貪是貪愛的相反。當覺悟的曙光讓我們看清，執著無常事物帶來痛苦時，我們就不再沉迷於貪愛、黏著於舒服感受的貪愛。同樣地，我們也認知到，排斥不舒服感的習性也是一種貪愛——貪愛與現實不同的狀況。由於狀況總是在流動變化中，我們了解瞋恨感也是無常的，因此對它們也不再沉迷。每當心想要執著某件事物而推拒另一事物時，我們會發現其實不可能執著任何事物，因爲一切都不停地變動著。我們體悟到，貪愛就像嘗試將一粒芥子安放在移動的針尖上一樣。

佛陀在早期的開示中曾解釋，爲何終止貪愛如此重要。佛陀覺悟後，住在菩提迦耶好幾個月；有一次，他對一千位修行拜火的苦行者開示。為了幫助這群拜火教徒了解，佛陀善巧地用火作為譬喻。這場開示就是《火燃經》（*The Fire Sermon*），解釋了離貪的意思，以及為什麼任何執著都必須終止。佛陀說，要逃離吞噬我們的火焰，唯一的辦法就是滅掉火源。這個火源就是「想」本身。佛陀是這麼告訴僧眾的：

「比丘們，一切都在燃燒。而比丘們，燃燒的這一切是甚麼呢？眼睛正在燃燒，形色正在燃燒，眼識正在燃燒，眼觸正在燃燒，而緣於眼觸生起的任何感受，無論是樂受、苦受或不苦不樂受，也都正在燃燒。用甚麼燃燒呢？我說，用貪愛之火、瞋恨之火、無明之火燃燒；用生、老、死燃燒；用憂愁、悲嘆、痛苦、哀傷、絕望燃燒。」（菩提比丘英譯）

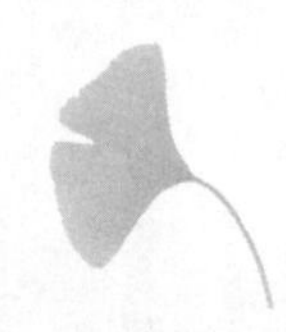

佛陀繼續說，對於耳朵與聲音，鼻子與氣味，舌頭與滋味，身體與碰觸，以及心與思想，也都一樣。簡略地說，所有六個感官以及它們感知的對象（六根與六塵），都用執著、瞋恨與無明之火燃燒著我們，導致一再重複的生、老、病、死之苦。而認知到這個眞相：

「比丘們，見到這個眞相，受教聖弟子對於眼睛、形色、眼識、眼觸、緣於眼觸而生的任何感受，無論是苦受、樂受、或不苦不樂受，都感到可厭。〔……〕體驗到可厭，他便離貪了。」（菩提比丘英譯）

以同樣的方式，我們對於一切感官經驗都不再貪戀。

當某個視覺對象出現時，心可以輕易地閉上眼睛，或是將目光轉開。當某個聲音傳到耳朵時，心很快地在彈指間讓它溜過。當鼻子嗅到某種氣味時，心快速地離開它，就像水珠滑落蓮葉一樣。當我們碰觸到某件東西時，心輕易地放開這個感受，就像健壯之人屈伸手臂一樣。當某個心理對象〔法〕在心中出現時，心也很快地放下它，就像水珠落在燒了整天的熱鍋上，瞬間蒸發一樣。

佛陀說，對一切感官經驗不再貪戀後，我們便能離貪。離貪是一種態度，對某件事缺乏興趣。它會讓我們轉身遠離，尤其從感官刺激轉離。藉由離貪，我們放下執著於事物或經驗的慣性模式〔習性〕。由於禪修的進展，這種態度自然生起，此時我們便從痛苦解脫了。根據這部經，這一千位僧眾在聽聞佛陀的火燃開示後，終止了貪愛而證得涅槃，完全解脫了痛苦。

佛陀對耆利摩難開示這一段經文，好引導他的心趨向無爲，涅槃。涅槃稱爲「無爲」是因爲在此圓滿狀態中，心是安詳的，超越了因緣條件的制約，不受變化

影響。在涅槃裡，一切痛苦，包括耆利摩難所體驗的病痛，都永遠終止了。因此，佛陀督促耆利摩難（以及我們）培養這種強大的離貪正念，讓心不再有任何貪愛。

10

滅盡想

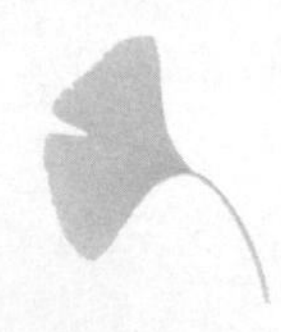

「阿難，甚麼是滅盡想呢？比丘到了森林，去到樹下或空屋裡，如此省思：『這是安詳，這是莊嚴，亦即一切活動的止息，一切尋求的去除，貪愛的滅除，滅盡，涅槃。』這稱為滅盡想。」（菩提比丘英譯）

當我們看到這第七種想時，首先注意到的是，佛陀對滅盡想的說明幾乎與離貪想一模一樣。不同的只是「離貪」換成「滅盡」。語句上的相似告訴我們，隨著正念的加深，離貪想的增長會引導我們趨向滅盡想。滅盡的意思是「終止」。這是佛陀的保證，遵行他所指出的道路，我們的痛苦會一勞永逸地終結。

就我們現在的心理狀態，幾乎不可能理解「滅盡」是甚麼。只有在我們成功地根除了所有負面心態（每一種貪愛與瞋恨，以及每一種關於自我的無明妄想）之後，滅盡才會生起。換句話說，滅盡的定義是，有甚麼不存在了。火從六根與六塵的接觸生起，而只有在這些火熄滅之後才是滅盡。當我們以正念禪修，而正念強大到能夠去除我們的無明心態（之前稱爲障礙〔蓋〕）時，就有可能一瞥「滅盡」之姿。但除非抵達佛陀之道的終點，我們無法體驗到眞正的滅盡。

當我們在正念禪修上逐漸進步時，從最初的努力觀呼吸，一直到經歷較高深的心理狀態（禪那 jhanas），「想」都是重要的里程碑。佛陀在《禪那經》（*Jhana Sutta*）裡清楚地指出：「比丘們，我如此宣說，你的『想』成就多少，你在全然覺悟上便成就多少。」換句話說，在滅苦之道上的進展，可以用我們對於「想」的了解以及與「想」的關係來衡量。透過此一重點，我們可以開始領會佛語的奧妙。在修行初期，六根與六塵的接觸是會障礙我們專注力的分心事物。此外，我們認爲感官對象，包括自己的身體，是堅實、持久、能夠爲「自我」帶來持久的快樂或痛苦的。

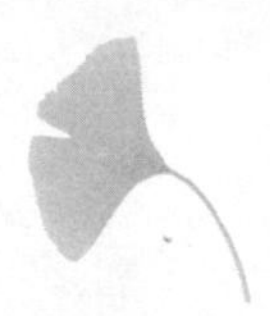

但是隨著我們逐一地觀修這十種想，心漸漸地確信了，沒有甚麼是永久或純淨的，沒有甚麼可以爲我們帶來持久的快樂或痛苦，也沒有甚麼含有一個恆常的自我或靈魂。由於這種理解，我們的注意力便從感官認知（想）及其對象，轉移到享受獨處與深入專注的喜悅。佛陀在《禪那經》中如此描述這個轉變：

「遠離感官欲樂……比丘進入並安住於初禪……他認爲一切與色、受、想、行、識有關的任何現象，都是無常、苦、病、癤子、飛鏢、災難、怪異、分解中、空、以及無我的。他將心從這些現象轉開，導向無死元素（涅槃）。」（菩提比丘英譯）

換句話說，從初禪開始，我們認知到自己的五蘊（色、受、想、行、識）是無常、苦、病、過患、苦惱、敗壞空且無我的。如此看待五蘊，我們逐漸將心轉往相反方向——涅槃以及一切痛苦的止息。佛陀在《禪那經》中如此描述這個超越痛苦的狀態：

「這是安詳的，這是莊嚴的，亦即一切活動的止息，一切尋求的去除，貪愛的滅除，離貪、滅盡、涅槃。」（菩提比丘英譯）

在目標設定清楚後，我們便一再地進入禪那，利用禪那心純淨、清明以及精細的特質，來終止一切概念思考以及有爲法的想。這個安詳境界的殊勝寧靜，帶我們超越對於世俗的愉悅、世俗的健康，甚至世俗的再生的貪求。就如《耆利摩難經》的說明：一切「活動」，包括愉快和痛苦、患病及健康，甚至生與死的觀念都止息

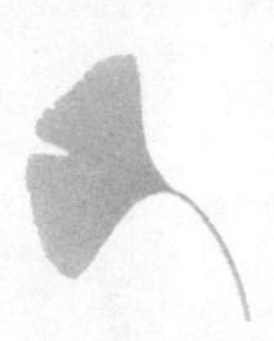

了，並且捨斷了一切貪愛，甚至對於「一切尋求」的祈願，包括最尊貴的再生都放下了。就如經中佛陀提醒耆利摩難一樣，滅盡的保證引起我們精進禪修的動機，以獲得這些平靜、絕妙喜樂的成就。

11

一切世間無喜想

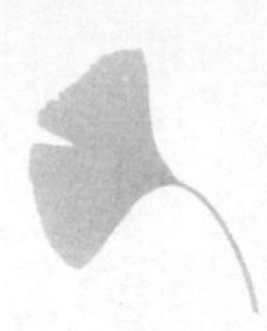

「阿難，甚麼是一切世間無喜想呢？比丘克制對於世間的任何貪愛執著、心理觀點、黏著、以及潛在習性，毫無貪戀地捨斷它們。這稱爲一切世間無喜想。」（菩提比丘英譯）

我們現在很難了解這「一切世間無喜想」。通常，我們竭盡所能地增加生活裡的感官喜樂。然而，由於觀修這十想，我們現在已經確信，愉快的世間經驗是虛妄的，事實上是不可取的。它們障礙專注力，加強執取、瞋恨以及迷惑。此外，我們也開始體驗到，捨斷感官欲愛所帶來的安詳與寧靜。結果，離貪所帶來的寧靜，以及強大的內在喜悅，讓我們頗容易就能放棄一般的世俗享樂。

我們發現到，淨化了貪瞋癡的心，在感知世間任何事物時，自然而然就不會激動。整個世間沒有甚麼會特別讓這樣的心去喜愛的，也沒有甚麼會讓它失望的，更沒有甚麼特別稀奇的。到處都存在同樣的無常、苦、及無我。認知到這個眞相，心變得放鬆、安詳、平靜。

但在更深層面裡，我們可能仍然懷有期望：或許其他生命會比這個人生更好。我們又想，也許未來的人生會有不同境遇，必能具足世俗的感官享樂。「一切世間無喜想」要我們認清，輪迴裡的任何再生，無論多麼殊勝，其性質都是無常及苦。

在「十結」中，有些根深柢固於心的負面習性，是禪修所致力根除的。它們是對於精細物質存有的貪愛（色貪），以及對於非物質存有的貪愛（無色貪）。這些存有的界，主要是心理而非生理的，與我們禪修所成就的禪那狀態相關。「一切世間無喜想」要我們放棄再生的期望，即使是再生於這些精妙的心理狀態裡。

反之，佛陀說我們必須利用信心，由於清楚認知處境眞相而獲得的信心，來跨越疑惑及恐懼，將目標放在涅槃——脫離再生之苦的永遠自由。對耆利摩難和我

們都一樣，十結都要斷，少一個都不行。就如佛陀在《大吉祥經》（*Mahamangala Sutta*）中所說：

接觸世俗境界，
而心毫不動搖，
無憂愁、無雜染、且安穩。
這是無上的福祉。

12

一切行無常想

「阿難，甚麼是一切行無常想呢？比丘對於一切因緣和合的現象（有爲法），感到厭惡、羞辱、噁心。這稱爲一切行無常想。」（菩提比丘英譯）

我們的禪修現在已經進展到，即將從痛苦解脫的最後一步了。從開始至今，我們都是利用心以及它的內在運作，在佛陀之道上前進。我們利用心的專注力，聚焦在身體及其各部分上，發現身體就和其他一切有爲法一樣不恆常，必定會衰老生病，也空無一個所謂的「我」。然後，我們禪修於捨斷苦因，改採離貪的成熟心態來面對人生的經驗，甚至是深入禪修的喜樂經驗。離貪幫助我們前進到下一階段，超越無常之苦的狀態——寂滅、涅槃。領悟到這無死之境是唯一有意義的目標，我們禪修以克服任何再生的願望，甚至是再生於超越身苦的殊勝存有狀態。

現在，這第九種想的禪修引導我們，放下對於一切概念、一切行、一切因緣條件和合事物的執著，包括我們內心的歷程。當佛陀談到「一切有爲法」時，包括了一切善的、不善的、以及平靜不動的心理行爲。平靜不動的心行是透過修行禪那所培養出的心理狀態。然而，成就禪那所獲得的任何心理狀態，也是無常的。

有時候我們的思想似乎非常奧妙殊勝，讓我們覺得應該紀錄下來以永久保存。不幸的是，即使是這些特殊的想法也是無常的。了知這點讓我們領悟，執著於任何想法，無論這想法多麼崇高，都只帶來痛苦。這種覺知促使我們放下；放下心行，解脫了擁有它們的負擔。

對於任何事物，甚至是「想」本身的持續執著，讓我們厭惡，甚至恐懼。我們領悟到，「想」也是一種和合的現象〔有爲法〕，由六種感官及其對象，加上作意、觸、受、及識所組成。雖然我們利用「想」才走到此地步，但在這最後一步，

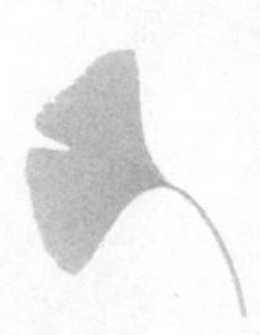

即使是想的運作也要放下；於是我們抵達無為法——涅槃的門檻。涅槃是去除了一切貪愛染污，滅盡了可能帶來再生的一切無常、苦、無我心行的狀態。我們即將完成佛陀之道的旅程。佛陀在《布喻經》（*Vatthupama Sutta*）中對僧眾們如此描述這最終階段：

「當他如此知見，他的心從感官欲愛的染污，存有的染污，以及無明的染污中解脫了。當他解脫了，就生起這種了知：『這是解脫。』他了解：『此生已盡，梵行已立，所做皆辦，不受後有。』」（菩提比丘英譯）

我們可以輕易看出，佛陀為耆利摩難所開的處方，不只是去除疾病的不適，而是全面性的醫治。這種處方引導耆利摩難和我們，趨向解脫的永久療癒。

13

觀呼吸

「阿難，甚麼是觀呼吸❶呢？比丘去到森林，去到樹下或空屋裡坐下。他盤起腿，挺直身體，將正念安立於前，正念地吸入氣息，正念地呼出氣息。」

「吸氣長時，他知道：『我吸氣長。』呼氣長時，他知道：『我呼氣長。』吸氣短時，他知道：『我吸氣短。』呼氣短時，他知道：『我呼氣短。』他如此訓練：『體驗整個全身時，我吸氣。』他如此訓練：『體驗整個全身時，我呼氣。』他如此訓練：『身行靜止時，我吸氣。』他如此訓練：『身行靜止時，我呼氣。』」

「他如此訓練：『體驗喜悅時，我吸氣。』他如此訓練：『體驗喜悅時，我呼氣。』

他如此訓練：『體驗快樂時，我吸氣。』他如此訓練：『體驗快樂時，我呼氣。』

他如此訓練：『體驗心行時，我吸氣。』他如此訓練：『體驗心行時，我呼氣。』

他如此訓練：『心行靜止時，我吸氣。』他如此訓練：『心行靜止時，我呼氣。』

譯註：

❶觀呼吸：亦即正念於呼吸、入出息念、安那般那念

「他如此訓練：『體驗心時，我吸氣。』他如此訓練：『體驗心時，我呼氣。』

他如此訓練：『令心喜悅時，我吸氣。』他如此訓練：『令心喜悅時，我呼氣。』

他如此訓練：『令心專注時，我吸氣。』他如此訓練：『令心專注時，我呼氣。』

他如此訓練：『令心解脫時，我吸氣。』他如此訓練：『令心解脫時，我呼氣。』

「他如此訓練：『觀修無常時，我吸氣。』他如此訓練：『觀修無常時，我呼氣。』

他如此訓練：『觀修滅去時，我吸氣。』他如此訓練：『觀修滅去時，我呼氣。』

他如此訓練：『觀修寂止時，我吸氣。』他如此訓練：『觀修寂止時，我呼氣。』

他如此訓練：『觀修放下時，我吸氣。』他如此訓練：『觀修放下時，我呼氣。』」

「這稱爲觀呼吸。」

「阿難，如果你去探望者利摩難比丘並告訴他這十種想，則他有可能在聽聞後立即從病痛中康復。」

於是，阿難比丘從佛陀那裡學到這十種想之後，便到者利摩難比丘那

裡並轉告他這十想。當耆利摩難比丘聽到這十想時，病痛立刻減輕了。耆利摩難比丘的病痛痊癒了，而他的病痛是這樣治癒的。」（菩提比丘英譯）

單純呼吸的純然想

第十種想，觀呼吸是很重要的。當我們練習觀呼吸並有了一些經驗後，首先注意到的就是，我們能夠毫無扭曲地感知吸氣及呼氣的每一部分。沒有甚麼能夠扭曲呼吸。完全而毫不分心地將注意力放在單純的呼吸上，我們的想變得愈來愈純淨。對於單純呼吸的純然感知（想），讓心平靜，讓身體放鬆，並加速我們從疾病康復的能力。同時，我們也獲得專注與正念的效益，而這兩者都非常有益於心理健康。

觀呼吸也有教導作用。當我們用觀呼吸如實地檢視身心系統時，會洞見一些正法的核心精要。就如佛陀解釋的：「一切法從作意生起。」我們已經發現，可以用觀呼吸來直接了解五蘊（色、受、想、行、識）。當我們用正念作意來感知呼吸的五蘊時，會發現每一個都有三個更小的剎那：生起的剎那，存在的剎那，滅去的剎那（生、住、滅）。一切存在的事物皆如此，從未停止這種活動，這是無常的本質。當我們吸氣和呼氣時，氣息與鼻孔的碰觸，以及呼吸時在心識中生起的受、想、行，並不停駐。它們不留痕跡地滅去了；而它們一旦消失，就永遠消失了。新的色、受、想、行、識總是會出現。觀察這些變化，教導我們不執取，也讓我們比較容易放下對身心任何部分的貪著習性。

此外，觀呼吸也有益於清楚專注地觀修其他九種想。當我們到了這第十想時，

❷入流（stream entry）：進入聖者之流，亦即證得初果（sotapanna 須陀洹，預流果）。

就用清明和穩定來觀修四念住：身念住、受念住、心念住、以及法念住。這些觀修讓我們內在的七覺支開展。七個覺支相繼生起：念、擇法、精進、喜、輕安、定、以及捨（平等心），前一個導向下一個。它們引導我們證得「入流」❷，那是覺悟的第一階段。

四念住

在《耆利摩難經》裡，四念住是以一系列十六個禪修主題的方式呈現❸。每一個主題都有兩個部分：吸氣以及呼氣。而這十六個主題又可區分為四組，每四個主題為一組（四合一），而每一組對應於四念住之一。在最高階的禪修裡，第一組身念住的四個禪修主題，對應於四次吸氣和呼氣，亦即八個接續進出的氣息。在佛陀時代，有些比丘就是那麼快就覺悟了，因為他們具有清明的正知以及圓滿的正念。

下面逐一列出每一組的禪修主題：

身念住

- 吸氣長；呼氣長
- 吸氣短；呼氣短
- 吸氣時體驗全身；呼氣時體驗全身
- 吸氣時靜止身行；呼氣時靜止身行

❸漢譯為「十六特勝」：1.知息入、2.知息出、3.知息長短、4.知息遍身、5.除諸身行、6.受喜、7.受樂、8.受諸心行、9.心作喜、10.心作攝、11.心作解脫、12.觀無常、13.觀出散、14.觀離欲、15.觀滅、16.觀棄捨。（《釋禪波羅蜜次第法門》卷第七，T46n1916_p0525b23(01)）

受念住

- 吸氣時體驗喜；呼氣時體驗喜
- 吸氣時體驗樂；呼氣時體驗樂
- 吸氣時體驗心行；呼氣時體驗心行
- 吸氣時靜止心行；呼氣時靜止心行

心念住

- 吸氣時體驗心；呼氣時體驗心
- 吸氣時令心喜悅；呼氣時令心喜悅
- 吸氣時令心專注；呼氣時令心專注
- 吸氣時令心解脫；呼氣時令心解脫

法念住

- 吸氣時觀修無常；呼氣時觀修無常
- 吸氣時觀修滅去；呼氣時觀修滅去
- 吸氣時觀修寂止；呼氣時觀修寂止
- 吸氣時觀修放下；呼氣時觀修放下

在《入出息念經》（*Anapanasati Sutta*）裡，佛陀較詳細地說明了如何觀修四念住。我們從觀修第一組「四合一」、身念住開始：

「在那時，比丘安住於就身體觀察身體，精勤、全然覺知、正念，放下對於世間的貪愛與憂傷。我說這是身體裡的某種身體，亦即，吸入的氣

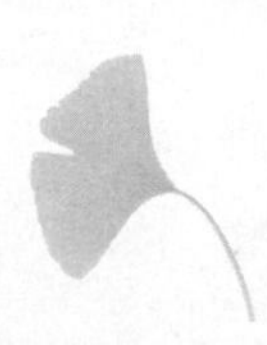

息與呼出的氣息。因此在那時，比丘安住於就身體觀察身體，精勤、全然覺知、正念，放下對於世間的貪愛與憂傷。」（菩提比丘英譯）

這第一組觀修的重點是「息身」，當我們吸氣和呼氣時生起的色（物質）或身體。當氣息的色碰觸鼻子、肺及腹部時，生起壓力、放鬆與其他感受時，我們體驗氣息爲一種身體。經中說，息身是一種「身體裡的身體」。換句話說，它是組成人身的諸多身體之一，或組成人身的一部分。全然覺知及純然正念於身體的三十二部分，甚至只是其中之一，就足以讓某些禪修者獲得觀智（洞見）了。

此外，當我們觀修息身爲「身體中的身體」時，我們持續專注在身體及其內部，單純地視身體爲色蘊的一部分，沒有通常因爲執著而來的加料染色，或對於舒服部分的「貪愛」以及不舒服或敗壞部分的「憂傷」或瞋恨。就像一切物質一樣，身體生成，持續存在一陣子，然後敗壞消失。由於它並不是「我自己」，所以執著於身體，或在它生病或衰老時感到憂傷，是毫無道理的。

此外，我們認知氣息就和其他所有身體一樣，都是由地、水、火、風元素所組成的。我們可以藉由四大元素的個別作用來認出它們。地元素的作用是產生軟硬。當我們呼吸時在身體上體驗到的感受，是由於氣息的土元素或軟或硬的呈現。同樣地，當氣息的水元素低時，我們便注意到它是乾燥的。而當我們覺知到氣息的濕潤時，是由於水元素高。

風元素的作用是移動及能量。我們體驗到氣息的移動，就是因爲它的風元素。氣息的溫度則是由於它的火元素。熱會起伏波動；當氣息中的火元素高時，我們說氣息是熱的，當它降低時，就說氣息是冷的。

除了四大元素之外，身體的各部分，包括氣息，也可說是內在的或外在的。身

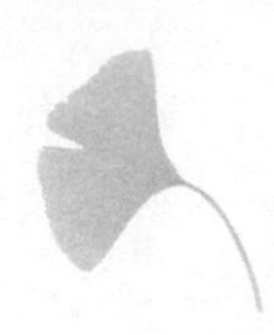

體內部的元素是內在的，身體外部的則是外在的。如果我們考慮這種區分，可能會發現吸入的氣息是內在的。而當我們呼氣時，這個內在的氣息便與外在空氣混合，於是氣息便是外在的。我們也可以說內在身體是吸氣，外在身體是呼氣。

在《教誡羅睺羅大經》（*Maharahulovada Sutta*）裡，佛陀解釋了「內在」與「外在」用於身體四大元素時的意思。以風元素來說，佛陀說：「任何內在的，屬於自己的是風……也就是上行風、下行風、四肢風、入息與出息……這稱爲內在的風元素。」佛陀並解釋：「內在風元素與外在風元素都只是風元素。」這一點很重要，因爲我們的習性會將認知到的東西執著爲屬於我們的。以「正智」來看，即使是我們吸入的氣息──內在風元素，也「不是我的，不是我，不是我的自我。當你如實地觀察到如此……就不再貪戀風元素，心對風元素離貪了。」

佛陀進一步解釋，有時候外在風元素會受到擾動；像颶風或龍捲風「掃過村莊、城鎮、都市、區域、以及國家」。而其他時候，例如每年熱季的最後一個月，人們「用扇子或風箱造風，而茅屋邊緣的稻草絲毫不動。」我們都經歷過外在風元素的季節變化，它鮮明地顯示了風元素「即使如此強大，也是無常的、會分解、消失及改變的。」身體內在及外在的土元素、水元素、火元素，也都一樣。由於如此，佛陀問道：「被貪愛執著卻只持續一陣子的這個身體，是甚麼呢？」他提醒，我們的身體也同樣是由四大元素組成，它們一直都在敗壞、消失或改變中的。因此，佛陀總結道：「沒有甚麼可以被認爲是『我』或『我的』或『我是』」。

我們觀修第二組四合一，受念住，以發展喜想、樂想、心行想、以及心行靜止想。這些想提醒我們，感受就和身體一樣，也是可以被區分的。在任一刹那，我們都只能注意到一種受——樂受、苦受、或不苦不樂受。而就和色一樣，受生起，存留一陣子，然後滅去了。

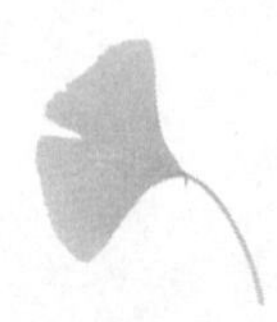

我們訓練自己以這種不偏不倚的方式來看待感受，以斷除錯誤的信念，以爲感受是具體而可靠的，或樂受是永遠的。相反地，對當下生起的任何感受，我們發展單純的覺知。我們認知到，任何感受都只是生起又滅去的諸多感受之一罷了。如此，我們讓自己看清感受不是「我」，也不是「我的」一部分。當我們以精勤、全然正念覺知如此觀察時，即使是強烈的疼痛，也能毫無瞋恨地體驗，不渴求狀況改變。同樣地，我們訓練自己，對於禪修所生起的喜悅及快樂感，看待爲只是「心行」，當我們以純然正念來感知時，它們就會「靜止」了。

我們也可以用觀呼吸來探索心的本質。通常，我們只能藉由注意到那些生起，停留一下又滅去的思想、概念或情緒，來覺知心。但是當我們透過精勤、警覺、及正念專注讓心平靜穩定時，心是「解脫的」，並且超越一切概念，包括喜悅及憂傷的概念。

最後，我們用呼吸來觀修法的四個必要特質：無常、滅去、寂止、及放下。此時，我們的心專注在心理特質本身。認知到一切事物的無常，我們體驗到離貪；意思是，我們如實地看見實相，不帶抗拒而有智慧地行動。離貪不代表我們忽略貪污、偏見、歧視、或其他不道德的事。我們盡己所能來改正看見的問題，但同時也了解，我們的努力只是現存逆境的一小部分因素而已。我們也知道，現實的某些面向不是我們做甚麼就能改變的。我們年老、力衰、死亡，對於這些變化能做甚麼呢？它們是實相的本質。我們能做的就是接受它們。離貪是如實而全然地接受實相。離貪的態度有助於我們達到寂止的目標——放下或捨斷所有的貪愛和悲痛，並發展念覺支，七覺支的第一個。

不過，我們或許不需要觀修所有這四組四合一。即使只是第一組，身念住，可能就足以讓禪修者發展七覺支了。但是，如果我們觀修身念住而不能發展七覺支，

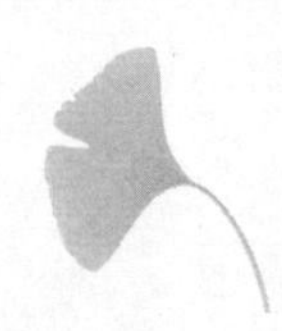

就嘗試第二組四合一。如果第二組也不能讓我們發展所有的覺支，那就試第三組。如果還是不能幫助我們達成目標，那就換到第四組。這個策略反應出，佛陀了解禪修者在能力和心靈發展的層次上都不同。觀修身體的三十二個堅實及液態部分的方法（觀三十二分身），十分直截了當，因此對大部分禪修者都有效。然而，佛陀清楚說明，觀修四念住的任何一組，都可以讓七覺支生起。

七覺支❹

我們觀修四念住以發展七覺支。在《入出息念經》中，佛陀解釋了這七覺支如何相繼生起，每一個階段都導向下一個。

當我們對於任何禪修所緣，例如身體的某一部分，發展出不間斷的正念時，就獲得第一覺支，念覺支。要讓正念變成覺支，就必須精勤，全然覺知，並且不帶任何執取或瞋恨。這樣的正念，必須透過不間斷地練習才能發展出來，那時正念「達到圓滿」而成爲一個覺支。

當不間斷的正念建立了，禪修者便以智慧檢視這個狀態，開始進行全面的探索。起初是以仔細的注意力來區別心與人的各種狀態：對與錯、善與不善、可責怪與無可責怪、低劣與優勝、黑暗與光明。但是，禪修者不需要區別內在與外在，亦即那些在身心之內與之外生起的狀態。

例如，禪修者可能選擇探究眼識與視覺對象，例如花朵。就如之前所說，當外在的花朵遇見眼睛時，眼識於內在生起。當眼睛、花朵與識會合時，觸便生起；然後，受與想生起。而即便在它們生起時，花朵、眼睛及識本身隨時都在生滅著。禪

❹七覺支：覺悟的七個因素。

修者認知到這無常時，享受美麗、芳香及鮮豔花朵的愉悅消失了。透過這種探究，禪修者做出結論，內在的眼睛與眼識，以及外在的視覺對象如花朵山岳等等，都是無常、苦、無我的。隨著禪修者對此眞相的認知〔想〕加深且遍及世間，探究現象的心所發展了，最終達到圓滿而成爲擇法覺支。

現在禪修者以不疲不倦的精進繼續探察，如此便生起了精進覺支，能夠加深修行並帶來圓滿成就。這種精進引起第四種心所，喜或狂喜於內在生起，繼續不斷的修行而達到圓滿成爲覺支。喜能讓身心輕安，亦即生起並發展輕安心所，達到圓滿成爲輕安覺支。當禪修者的身心輕安時，能增長專注力，持續發展而圓滿爲定覺支。最後，禪修者以平等心〔捨〕仔細觀察這專注的心，而生起、發展，達到圓滿爲捨覺支。

佛陀也解釋了，禪修者必須區別適合與不適合發展各個不同覺支的情況。例如，當心很呆滯遲鈍時，就不是發展輕安、定、或捨覺支的適合時機。佛陀在《覺支相應》（*Bojjangasamyutta*）裡用一個簡單的比喻說明原因：

就像一個想要生火的人，如果他把潮濕的草、青葉子及濕木棍丟進去，又在上面噴了些水、灑了些土，他是不可能讓火生起來的。（菩提比丘英譯）

當心呆滯遲鈍時，禪修者反而應該發展擇法、精進、及喜覺支，它們能喚醒及提升心。

同樣的道理，當心太過激動時，就不適合發展擇法、精進、或喜覺支：

就如一個想要熄滅熊熊營火的人，如果他把乾草、乾葉子、及乾木棍

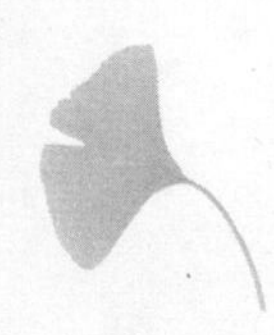

丟進去，或對它吹風，也不在上面灑土，他是不可能把這熊熊營火熄滅的。（菩提比丘英譯）

當心激動不安時，禪修者反而應該培養有冷靜作用的覺支，例如輕安、定、及捨覺支。佛陀解釋，這樣做就像是把潮濕的草、青葉子、及濕木棍丟進熊熊營火，並在上面噴水、灑土一樣。

換句話說，在十想的基礎上，我們可以發展獲得覺悟所需要的七覺支。但是我們必須小心且正念分明，用我們的分別智慧來決定，甚麼時候以及如何培養每一種覺支；同時保持心的平衡，在呆滯遲鈍時喚醒它，太過激動時讓它冷靜下來。雖然這個歷程似乎頗爲複雜，而完全解脫痛苦的自由又似乎目標崇高而遙不可及，但這第十想提醒我們，整條解脫之道就是由這簡單的觀呼吸開始的！

第三部

禪修於想

14

禪修：無常與六塵

我們既然已經大致了解這療癒性的十種想了，就更進一步深入探討第一種想——無常想。下面的禪修說明，用觀呼吸作爲內觀禪修的基礎；內觀的目的在於直接了知無常。雖然每個人都能在表面上見到無常，但這並不足以讓我們的內在轉變；必須在親身經驗上，深入地洞見無常才行。我們在禪修時，用全然的正念觀察自己身心的作用，毫無假設或先入爲主的觀念。這種全面且不偏頗的觀照力，讓心能夠在根源處看見無常。這種直接且先於概念的了知無常，能將心門打開，看見一切有爲法❶的眞相。

我們所說的內觀禪修，是用正念來探究現象。任何事物都可以作爲內觀禪修的對象，因爲一切事物都具有同樣的普遍共通特質（共相）。無論我們是專注於呼吸、身體的某一部位、或受、想、行、識，我們都會發現同樣的三個眞相：無常、苦、以及無我。一切色、受、想、行、識、色、聲、香、味、觸、法，都是無常、苦、無我的。在呼吸進出的同時，這些〔無常、苦、無我〕就是我們體驗到的。

佛教禪修的完整實踐，就始於看見無常眞理。當悉達多．喬達摩〔釋迦摩尼佛〕以最究竟深入的方式洞見無常時，他的心敞開了，也發現了離貪、寂滅、以及放下。佛陀以圓滿的正念，在色、受、想、行、識隨著呼吸生起滅去時，洞見了無常。他利用這個基本眞理加深洞見，讓心從對於無常事物的執取中解脫，並且克服了將他綑綁在痛苦輪迴中的煩惱。藉由精進修行下面將說明的禪修，我們也和佛陀一樣能夠做到。

我們一開始先用正念來覺知呼吸的歷程。回想一下之前所說，想的生起是由於

譯註：

❶有為法（conditioned things）：因緣所生法，受因緣條件制約的一切現象。

六塵之一與相應的感官門戶及識的接觸❷。當我們用正念仔細觀察這個歷程時會覺知到，想的每一個面向都是不斷在變化的。感官對象本身在改變，我們對於這些對象的注意在改變，而感知它們的識也在改變。到頭來，我們感知到的只有變化。

- 我們每一次禪修，都以第一四七至一六八頁說明的觀呼吸開始。
- 一旦身體放鬆下來且心平和了，就把注意力轉到六塵（色、聲、香、味、觸、法）的認知上。
- 例如，聆聽各種鳥叫聲，無論是鴿子、麻雀、夜鶯、藍鳥、鸚鵡或別種鳥，我們會發現有些鳥叫聲聒噪刺耳，而另一些則婉轉動聽。我們也聆聽人聲；而就像鳥叫聲一樣，有些很聒噪喧擾，而另一些則溫婉柔和。當我們聆聽時會發現，無論是甚麼聲音，都一直不斷在改變著。當我們不帶憤怒、貪愛、或幻想，正念地聆聽聲音時，我們聽到的只是變化和無常。

●接著，可以將注意力轉向氣味。我們聞到的可能是新鮮花香或肥皂味、牛糞、或烤麵包香，全然正念地注意它們。無論聞到甚麼氣味，也總是在改變著。

●然後，我們注意衣服和皮膚的接觸，鬆或緊、柔軟或粗糙、平滑或刺人，總是一直改變著。我們坐著，體驗沙發的碰觸，並感知覺受如何從柔軟舒適轉變爲堅硬難忍。我們以覺知來體驗這些變化不一的觸感。

●如果我們睜開眼睛，會看見葉片、樹木、以及飄移的雲朵。眼睛所見的每一件事物，都以明顯或微細的方式在移動和變化著。

---

❷六塵（色、聲、香、味、觸、法）、六根（眼、耳、鼻、舌、身、意）、與六識，其中任一組相接觸便產生想。例如：色塵、眼根、眼識三者會合稱為「眼觸」，而「眼想」生起。

● 現在我們已覺察，所感知到的每件事物都在變化當中。事物的生起並無一定順序。當我們覺知到聲音時，突然又變成覺知到感受、或念頭，或心識本身的無常。當我們讓心去體驗這些變化，無論它們以何種順序生起。無論心覺知到甚麼對象，我們就注意到那個對象的無常。我們無需強迫自己去看，無常無所不在，顯示非常清楚。我們所感知的每件事物，都清楚顯示出無常。

● 同樣地，從眼、耳、鼻、舌、身體生起的一切感受，無論是愉悅、不愉悅、或中性感受（樂受、苦受、不苦不樂受），都一直在變化著。

● 當念頭生起時，無論是善的、不善的、或中性的，我們都以全然正念注意它們。而我們覺知到的只是變化。

● 任何依賴色、聲、香、味、觸、法所生起的想，總是在改變中。而依賴色、聲、香、味、觸、法生起的任何心識狀態，也在改變中。當我們注意到任何一個時，它就改變了。

● 而呼吸在這一切變化之下，也在改變著。對於呼吸的感受、對於呼吸的認知（想）、對於呼吸的注意、注意呼吸的意圖、對於呼吸的覺知——全部都在改變中，沒有任何力量能夠停止這改變。沒有甚麼能夠避免任何事物的改變。

● 當我們吸進氣息時，甚至氣息也不是靜態的；它本身自然就改變。氣息進到肺裡，與二氧化碳交換氧，然後離開肺。我們並沒有爲了引起這個變化歷程而做任何事；它是自然發生的。

● 我們的心跳、血液經過微血管和動脈循環——這些移動透過同樣的無常作用而自然發生。散發身體熱能以及吸收環境熱能來調節體溫，也是由於無常而發生的。身體內的熱必須移動，身體內的氣必須移動，體內的水以及其他元

素❸都必須自然移動，才能維持身體運作。由於無常，身體的一切運作都自然發生。我們在呼吸時，利用正念來覺知這個歷程。在呼吸進出的同時，如果我們無法完全覺知到同時發生的所有變化，就盡量覺知能夠注意到的任何變化。

● 然後我們會領悟，變化是世間每個人、每件事物，一切色、受、想、行、識的本質。它們全都持續不斷地變化著。我們以這種了解來呼吸，便覺得我們是與整個世界一起呼吸，世界也與我們同樣體驗著變化。

● 雖然我們可能希望停止進行中的變化，緊抓住現在，但這是不可能的。生命的歷程不會停止，一剎那也不會。我們想要凍結現在的企圖，就像嘗試將空氣抓在手裡一樣。相反地，具足正念的心讓一切發生，既不祈求事物改變，也不悲嘆我們的命運。這種心態稱爲放下（捨離）。在呼吸進出的同時，我們也注意到無常、不定（滅去）、寂止、以及放下。

●不帶貪、瞋、癡地注意這些變化，就是正念的修行。我們體悟到呼吸、受、想、作意、一切念頭，以及識，都能幫助我們洞見無常的眞理。任何人只要毫不分心地專注於呼吸、受、想、念頭、作意、意圖、識，都能與我們體驗到同樣的變化。

---

❸四大元素：地、水、火、風；六大元素：地、水、火、風、空、識

15

禪修：心也瞬息萬變

當我們觀察自身各種經驗的變化本質時會發現，在心覺知到有爲法的變化時，它本身並不是靜態的；在心注意到其他事物的變化時，心也在變化。心並不是固定不動的發動者，這個觀念本身就不合理。不動者如果自己不動，就不可能觀察到其他對象的移動。當客體在移動時，主體也必須移動才能注意到客體的移動。

換句話說，我們對於無常的覺知也是無常的。因此，心在觀察感受的無常時，會從這覺知跑掉。當我們正念於一個聲音的變化時，卻又聽到另一個聲音；於是，心便離開第一個，跑到第二個聲音上。這個注意力的轉移告訴我們，觀察無常的心也在改變；心移動以便觀察到對象的改變。

當我們正觀察一個想的改變時，另一個想生起了；於是心移到那裡並注意到改變。而正注意它時，另一個想又生起了，心又移到那裡。所以，隨著想的生起、達到尖峰、又滅去，心都跟隨著這些步驟。有時候，在一個想還沒移到下一步驟之前，心已經跑到另一個對象去了。心並不停駐靜止以觀察完某個對象的變化三步驟——生起，尖峰，滅去。觀察及注意是動態的作用或活動。

我們可能會注意到自己感受的改變——愉悅的，不愉悅的，或中性的。當我們忙於注意感受變化時，突然聽見一個聲音；於是，心就跑到那裡，打斷了對於感受變化的覺知。但我們不該因而失望，相反地，我們只要覺知這個事實，這個注意感受變化的心也在改變。

甚至我們對於法的了解也是無常的。事物改變，所以眞實可能變成謊言，就如《二種隨觀經》（*Dvayatanupassana Sutta*）中所說：

> 看這包括神祇在內的世間，
> 他們認爲無我是我。

在進入了身心之後，
他們想：「這是眞的。」
無論他們怎麼想，
都會改變成別的，
讓原來的想法不再是眞的。
這就是無常事物的本質。
領悟到「涅槃是不變的眞理」後，
聖者證得涅槃，
毫無蹤跡可尋。

這段經文的意思是，每當我們相信有甚麼是恆常的、愉悅的、快樂的源泉、持久的自我時，它就改變成它的對立面。這是無常的本質。當我們深入地看見這個眞理時，終將停止追求夢幻泡影。要達到這個地步需要正念和專注。當正念與專注穩定且協力合作時，我們會注意到，身心裡無數微細的改變正同時發生。深入的正念覺知到最微細的變化，並照亮這變化。強力的定與正念一起將心聚焦，好讓我們清楚地看見無常的運作。

- 要親身體驗到心的改變，請遵循前上一章禪修六塵無常的步驟。但這一次，不是專注在感知對象的改變，而是專注在這「感知對象的心」的變化。
- 清楚地注意心如何變換它的感知焦點，突然而立即地從外在對象轉到內在對象上。注意到心與一切存在的其他事物，都進行著持續且不斷的改變。

16

禪修：解脫的關鍵

有三件事是我們必須直接、絕對、而且深入精髓去了解的，它們是解脫的關鍵，亦即無常、苦、及無我。無常是入口，也是基石，另外兩個依賴著它。如果我們深入地看見無常，那麼苦及無我就是必然得出的結論。

- 當我們正念禪修時，會看見變化。我們深入地見到無常，直至速度快到難以置信、刹那變化的程度。
- 然後我們廣泛地看見無常；在所見及可能看見的每件事物上感知到無常。
- 當我們在一切經驗上都深入了知無常時，心會厭倦這片刻不停的變化。這就是我們體驗到的苦。佛陀發現這個眞理，並開示：「任何無常的都是苦」（無常故苦）。

「無常故苦」是語言描繪的一種景象，就像我們說「沉睡中的村落」一樣；並不是那個村落在睡覺，而是住在那裡的人和動物在睡覺。同樣地，「無常故苦」並不是說無常的事物本身是苦。

如果一切無常事物都是苦，那麼樹木、桌子、岩石、及其他東西都應該是苦，因爲它們都是無常的。此外，如果是無常讓人們受苦，那麼甚至佛陀及其他覺悟者也都應該受苦，因爲他們也體驗到無常。而這些聖者不受苦的原因是，他們不執著於無常事物。這個道理對我們也適用。只要我們執著於無常事物，就體驗到苦；若要終結受苦，就必須終結對於不斷變化的事物的執著。

● 在這些無常事物中，也包括我們的身心五蘊在內。當我們在一切經驗裡都感知到五蘊中的苦時，就不會再貪戀五蘊了。

● 不貪戀有助於離貪。我們領悟到，貪愛就是把「我」和世間沾黏在一起的強力膠。當這個黏著力去除時，放下就生起了，引領我們到達苦的止息。

● 要達到這個目標，我們的正念和專注必須純淨，意思是不帶有概念。在禪修的這個階段，念頭和想法就像刺、瘤子、傷口、或口吃一樣。但是當概念消失時，我們就能夠讓心聚焦，像雷射光一樣照見五蘊。

● 在心具有如同雷射光的觀照力時，就能看見「我」只有在色、受、想、行、識存在時才存在；接著，照見它們的存在也不出無常法則的作用。無常燃燒掉一切。我們在任何一蘊裡都找不到任何「自我」、「靈魂」、或「我」。

● 假設我們將許多零件組合成一隻笛子，當我們吹它時，便發出優美的笛聲。假設有人把這笛子打破，想在這些碎片中尋找笛聲，那是永遠找不到的。同樣地，無論我們將五蘊分解到多微細，在五蘊裡永遠找不到「我」；這就是發現了無我。

- 未照見無常時，我們便貪著無常事物；而愈貪著就愈受苦，因爲每當我們想抓住無常事物時，它們就叛變了。它們是虛假騙人的，讓我們誤信有甚麼事或甚麼人能夠帶來恆常的快樂。事實上，境遇欺騙我們、人際關係轉壞、親友死去、工作調動。當我們在一切事物中照見無常時，就會預先提防它們虛妄且持續不斷生滅的本質。這是我們發現的，一切有爲法的無常本質。
- 隨著正念的進展，我們會更加深刻地認出，無常、苦、無我不僅是我們身心五蘊的特性，也是一切因緣所生法的本質。
- 看見了這個眞相，我們便對五蘊感到失望，事實上是對一切有爲法感到失望。我們體認到，樂與苦事實上是一個銅板的兩面。當我們體驗樂時，便希望能保持這樂受；當我們體驗苦時，便希望能擺脫這苦受，體驗樂受。但這

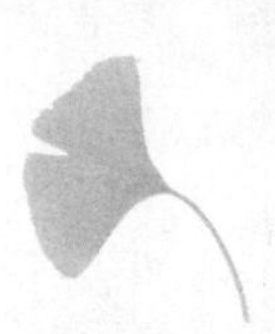

兩者都只是希望，也都是貪愛。當我們照見樂之中也必定蘊含苦時，便對樂感到失望。這就是離貪。

17

禪修：緣起

「此有故彼有，此生故彼生；此無故彼無，此滅故彼滅。」這段金玉良言是佛陀教導的緣起法。它們說明：一切事物依賴因緣條件生起，也依賴因緣條件滅去。佛陀進一步闡明：「比丘們，老與死是無常的、依賴條件而存在、依賴因緣生起、滅去，具有衰敗、壞滅、止息的本質。」

有許多人在聽聞正法之後，就像佛陀最初五位弟子中的憍陳如一樣，在觀修一切因緣所生法無常後，便獲得了第一階段的證悟（初果）。憍陳如尊者體證無常後的證悟偈，廣為人知：「凡生起的亦必滅去」（具有生起本質的，亦必具有滅去的本質）。

一般凡夫未見到一切事物的緣起本質，常會落入極端的見解（邊見）。一種邊見是一切事物恆常存在（常見），另一種邊見則是不存在（斷見）。但是當人們以智慧洞見，一切事物依賴因緣而存在時，斷見就消失了。同樣地，當他們以智慧洞見，一切事物依賴因緣而滅去時，常見也消失了。

生起滅去是無常的本質。在內觀禪修裡，這種了解稱爲「生滅智」（生滅隨觀智）。我們在開始內觀禪修時，就將注意力專注在呼吸、受、想、行、識的生起滅去上。我們也專注於觸及作意的生滅上，這兩個心所隨著感官與相應對象會合而生起。看見無常，讓智者們興起迫切感而加速修行。已經親見無常的人，不再被世間的盛衰起伏所動搖❶。

● 我們完全不需要做甚麼來讓任何事物無常。無常一直都存在。我們要做的只是覺知無常。

譯註：

❶世間八風：盛、衰、毀、譽、稱、譏、苦、樂

- 我們完全不需要做甚麼來創造不執著（無著）。由於無常，對無常事物的不執著自己就會生起。
- 我們完全不需要做甚麼來使任何事物止息滅盡。止息滅盡自己會發生。
- 同樣地，我們完全不需要做甚麼來放下任何事物。當事物止息時，放下就在那裡。
- 身體裡的每一個移動，都毫不間斷地發生著。沒有甚麼是黏合在一起的，身體各部分協調合作，但彼此並不互相黏著。每個部分都以它自然而必要的變化來互相支持。對我們來說，這是一個不執著的範例。
- 在任何系列性的活動中，每一剎那都必須滅去好讓下一剎那生起。如果某一剎那不滅去，下一剎那就無法在同一系列活動中生起。無論這些剎那是與地、水、火、或風有關，每個剎那都生起並滅去，好讓下一剎那生起。這就是止息滅去。

● 一旦某個剎那止息滅去了，它就永遠消失了。任何方法都不能讓它重生，生起的是一個新的剎那。具足正念的禪修者就讓這個變化歷程發生，毫不抗拒。這就是放下。

18

禪修：以內觀洞見無常

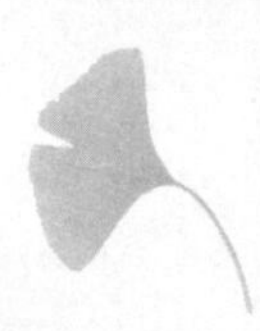

無常是我們所接觸過最難掌握的眞理。關於存在，無常有違於我們的想法或了解。我們內心幽微而隱隱地抗拒著無常。無常輕易地滑進心裡，也同樣輕易地滑出去，沒有帶來任何啓發。爲了促進我們的心靈發展，必須發揮「無常想」的作用。而直接體驗無常，是我們得享自由所必需的基本眞理。

我們可能感到困惑，爲什麼直接體驗無常這麼重要呢？答案很簡單，當我們的心安立於全然覺知無常時，自然就對任何事物失去貪著的興趣了。畢竟，有甚麼好貪著的呢？我們想要貪著的任何事物都快速地改變，根本沒有甚麼好執取的。無常主宰著一切事物；一切事物都會無預警地消失。

我們開始對自己不貪著的心態保持正念，然後任這個心態自然而然地止息，隨它需要多久時間。看見一切事物無常，讓心覺醒於實相——沒有甚麼能夠停止改變。宇宙中沒有任何力量、任何威權能夠終止無常。這個覺知有助於我們體悟，沒有「自我」在幕後操作，任何事物都沒有固定不動的發動者。

我們總是聽聞「任何無常事物就是苦」；但只有在我們體驗痛苦時，才會感激事物無常。當我們體驗快樂或更精確地說，體驗激情時，我們會渴望它持續下去，永遠不變。然而無論我們如何希望，事物總是以它自己的方式和步調改變。

當我們深入觀察自己的生命經驗時會記起，有多少次我們因為執著於無常的色、受、想、行、識而痛苦。如果我們眞的想終結痛苦，就必須去除這個執著。要以內觀覺知洞見無常，我們必須以全然的正念觀察自己的經驗，沒有概念或預設的觀念。這種全面且不偏頗的注意力打開心房，在根源處認出無常與苦的連結。

● 我們以禪修來開始每一天，利用呼吸作爲主要的專注點。隨著呼吸變得平靜、微細、放鬆，心也變得平靜而放鬆。

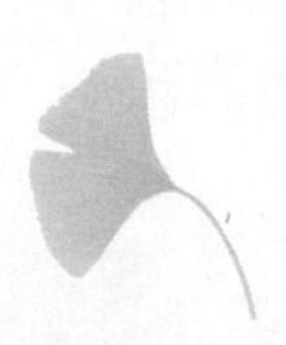

● 我們的禪修是愉快的。每一剎那都是清新的剎那，鮮活的剎那。每一剎那都帶給我們新的洞見與新的了解。我們開始看見前所未見的事物，獲得前所未有的體驗。我們從完全嶄新的觀點來看待事物。每一個新的經驗都帶來清新、平靜、清涼、喜悅、與快樂。

● 最後，我們可能感覺到一股寧靜清涼的感受擴及整個臉部，到眼睛下方、眉毛、額頭、頭中間及後面。我們不刻意做甚麼，也不蓄意獲得這種快樂。當因緣成熟時，它自然就會發生。

● 然後我們可能在頸部、肩膀及胸部周圍，體驗到一種非常微妙、非常安詳，但非常敏銳及清楚的震動。當我們繼續自然呼吸時，除了震動，也可能同時體驗到，從肩膀到肚臍下，整個上半身的擴張與收縮。我們可能體驗到全身每個細胞都在震動及變化，用難以置信的速度快速地生滅。

- 這些感受不一定都以同樣的方式和順序生起。有些人在身體其他部位，或依其他順序體驗到類似的感受。重要的是，不要預期某種特定經驗，或認爲如果自己沒有這種感覺就是有甚麼錯。順序或感受不是重點，這些經驗的意義才是重點。

- 感受提醒我們，沒有甚麼是靜態的；一切都是動態的，一切都在變化著，一切都在生起滅去。感受生起；我們認爲恆常的一切事物，事實上都是無常且不斷改變著。我們無法讓任何事物保持不變，甚至只是維持連續的兩個剎那都不可能。某一剎那的經驗似乎頗愉悅，心便希望它繼續保持；但甚至在心這麼希望之前，感受已經改變了。心以不可思議的速度移動。但無論心跑得多快去抓住愉悅經驗，在心到達之前，經驗已經改變了。它的生起就像一場夢，在片刻之間，千百萬計的微小經驗已經生起又滅去了。它們像閃電一樣

快，不，甚至比閃電更快。我們根本趕不上它們改變的速度。

●我們可能想：「讓我觀察這個經驗的生起、停駐、以及滅去。」但在這個想法生起之前，感知對象已經生起、達到成熟尖峰、又滅去了。有時候心可以抓住某個經驗的開端，但它的中間或成熟點就不行了。或者有時候，我們可以體驗到某個感受的中間，但結尾就不行了；或是抓到結尾，但沒有中間或開頭。無論如何，我們正念於變化，這樣很好。至少我們可以注意到，變化正在發生；甚至注意到事物改變有多快更好。我們整天整夜，在清醒的每個剎那都體驗無常。

●此時，我們可能感覺自己正與整個世界一起呼吸。我們感覺到每種生物，從小螞蟻到大象、小鰷魚到大鯨魚、小爬蟲到大蟒蛇，全都跟著我們的節奏呼吸，或我們隨著它們的韻律呼吸。

● 當我們以全然正念去觀察色、受、想、行、識時，會體驗到它們的每一微小部分都持續不斷變化著。當我們的正念建立時，心會注意到每一剎那都是嶄新的。身體的每一個分子、每一個感受、想、行、識，全都以超乎想像的速度變化著。

● 呼吸的進出伴隨著這變化。感受不斷改變，我們對於這變化的經驗也在改變。我們的注意力以及想要注意變化的意圖，也在改變。而我們的覺知也不斷改變著。

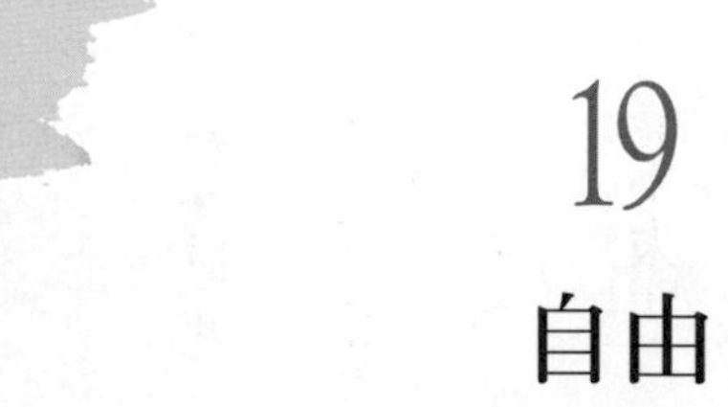

19
自由

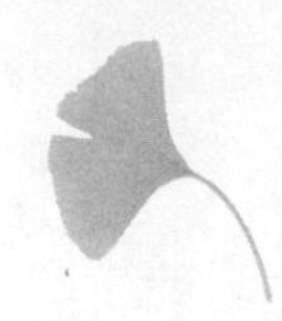

《法句經》告訴我們：

「以智慧照見一切行無常、苦，一切法無我的人，厭離於苦，苦是一切因、緣及有爲法的本質。這是趨向解脫之道。」❶

我們可能不太明白「厭離於苦」是甚麼意思？似乎我們必須先享受某件事物之後，才會厭離它。我們可能疑惑，有誰會享受苦呢？佛陀解釋：事實上，任何享受感官欲樂的人就是享受苦。由於一切事物總是不斷改變，因此，讓我們覺得愉快喜樂的，終究會轉變爲苦。吃一片巧克力蛋糕可能讓我們開心愉快，但如果是要吃一整塊蛋糕，愉快幾乎必定轉變成苦惱。當我們看見整體或全貌時，會發現其中有樂也有苦；我們了解到，受苦與享樂是包裹在一起的。當我們認出，任何快樂都必定內含有苦時，便開始厭離於樂了。

當享有的東西讓我們失望厭離時，我們就願意放棄它們，轉而尋找那不會令我們失望的。對於感官欲樂的執著，將我們繫縛於此生以及具有類似苦樂的諸多來世。此外，執著也阻礙我們獲得禪那。

隨著禪修的進展，我們會看見在輪迴中生起的一切都令人失望，輪迴就是因緣所生的（受制約的）存在領域。我們領悟到，我們把自己綑綁在這無止盡的循環裡，並想要從中解脫。當我們領悟了緣起事物（有為法）的本質，就是無常、苦、及無我時，便厭離於苦而尋求涅槃，那是無為法、恆常、且無我的。

譯註：

❶《法句經》20〈道品〉，277~279，了參法師譯。「一切行無常，以慧觀照時，得厭離於苦，此乃清淨道。」另二偈則是「一切行是苦，……」、「一切法無我，……」，後面則相同。

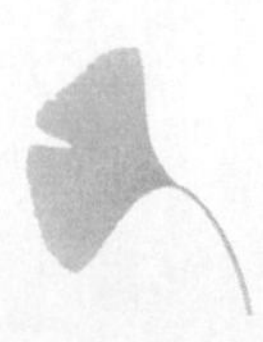

這種領悟激勵我們加倍用功禪修，好獲得更高深的專注和內觀洞見（定、慧）。隨著定力的增長，我們會經歷各階段的禪那，最終到達一個想蘊止息的狀態。佛陀在《定經》（*Concentration Sutta*）中說明，在這個狀態裡，禪修者不再感知到屬於有爲法的五大元素：

「阿難，以這種方式，比丘獲得這樣的禪定狀態，於土界不再感知土元素、於水界不再感知水元素、於火界不再感知火元素、於風界不再感知風元素、於空無邊處不再感知空無邊處。」（菩提比丘英譯）

禪修者也不覺知他所經歷的各種禪定階段，或此世界之內或之外的任何事物：

「於識無邊處他不感知識無邊處，於無所有處他不感知無所有處，於非想非非想處他不感知非想非非想處，於此世界他不感知此世界，於他方世界他不感知他方世界。」（菩提比丘英譯）

佛陀進一步解釋：「但是，禪修者於此狀態仍然是有感知的。」阿難問道：「這樣的禪修者如何感知？」佛陀回答：

「阿難，比丘在這裡如此感知：『這是安詳，這是無上莊嚴、一切活動的止息、一切尋求的去除、貪愛的滅除、離貪、滅盡、涅槃。』」（菩提比丘英譯）

佛陀所描述的這種超乎一般感知的安寧崇高狀態，在我們還活著時只能暫時體驗。它在禪定中生起，最多保持七天。然而獲得此經驗，是修行之道上的里程碑，因爲它預示了想的究竟止息，將在全然覺悟者死亡時伴隨而來；那是涅槃、存有的止息、寂滅、完全且永遠地超越生死、佛陀之道的究竟終點。

佛陀在證悟後，於瓦拉那西附近的鹿野苑對五比丘開示《無我相經》（*Characteristic of Nonself Sutta*），又名《五比丘經》（*Five Brethren Sutta*）；佛陀在經中指出，到達這崇高之境的修行之道，就從五蘊的無常想、苦想、無我想開始：

「比丘們，如此照見後，受教的聖弟子們對於色、受、想、行、識體驗到厭離。體驗了厭離，他變得無貪。透過無貪，（他的心）解脫了。當解脫時便具有此智慧：『這是解脫。』他了知：『生已盡，神聖的生命已活過，該做的都做了，不再有這種存有狀態〔輪迴〕了。』」❷（菩提比丘英譯）

這是佛陀的自由之道，就從簡單的正念觀察開始，亦即以正念審視我們平常如何感知自己的身心以及周遭世界。「想」本身是關鍵所在。所以，就是現在，讓我們開始吧！

❷莊春江譯為：「出生已盡，梵行已完成，應該作的已作，不再有這樣〔輪迴〕的狀態了。」（http://agama.buddhason.org/SA/SA0034.htm）

【關於作者】

德寶法師

德寶法師十二歲時於斯里蘭卡的瑪蘭德尼雅剃度爲佛教僧侶；於一九四七年二十歲時於康提受具足戒。畢業於昆巴哈的維迪雅錫卡拉專科學校、凱拉尼雅的維迪雅蘭卡拉學院及可倫坡的佛教弘法學院。之後到印度爲摩訶菩提學會，進行爲期五年的弘法工作，在桑奇、德里與孟買服務賤民。接下來十年，他則在馬來西亞弘法，擔任佛教協會及馬來西亞佛教青年會的宗教顧問。他曾任教於吉松迪爾學校與寺路女子學校，並曾擔任吉隆坡佛學院院長。

在塞瓦迦佛學會的邀請下，在一九六八年到美國，擔任華盛頓佛寺協會的主任祕書，並於一九八〇年被任命爲該協會的會長。在一九六八到一九八八年任職佛寺協會期間，除了教授佛法課程，亦指導禪修閉關，並到世界各地巡迴演講，足跡遍及美國、加拿大、歐洲、澳洲、紐西蘭、非洲及亞洲。此外，從一九七三到一九八八年間，德寶法師也擔任美國大學的佛教弘法師。

德寶法師也繼續他的學術研究興趣，並取得美國大學的哲學博士學位。他分別在美國大學、喬治城大學、巴克納爾大學與馬里蘭大學教授佛學課程。他寫的書籍與文章已在印度、美國、斯里蘭卡與馬來西亞等地出版。《平靜的第一堂課——觀呼吸》一書已經被翻譯成多種語言，並在世界各地出版；該書的泰文節譯版本，還被選爲全泰國高中課程的教材。

德寶法師從一九八二年起就擔任修行協會住持，那是一個位於西維吉尼亞森林裡（靠近仙那度河谷）的寺院與閉關中心，由他與馬修．弗立克斯坦共同創辦。德寶法師就住在修行協會裡，在那裡爲比丘和比丘尼剃度，並舉辦一般大眾的閉關修

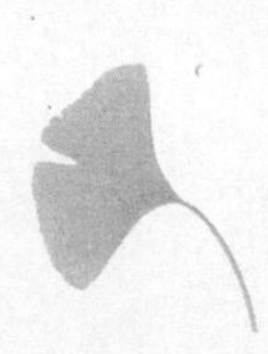

行活動。德寶法師也經常來往世界各地演講，並指導閉關修行。

西元二〇〇〇年，德寶法師獲得他的母校維迪雅蘭卡拉學院頒贈終生成就傑出獎。

德寶法師的其他著作有《平靜的第一堂課：觀呼吸》、《四念住》、《念住之旅》（*Journey to Mindfulness*）、《禪定的第一堂課：超越觀呼吸》、《快樂來自八正道》。

【附錄】詞彙解釋

【二劃】

八聖道（Noble Eightfold Path）：佛陀的第四聖諦，從痛苦解脫的八個步驟：正見、正思惟、正語、正業、正命、正精進、正念、正定。

七覺支（seven factors of enlightenment）：巴利爲 Bojjhangas：念、擇法、精進、喜、輕安、定、捨。此字由 bodhi（意思是「覺悟」）及 anga（意思是「分支」）組成。

【四劃】

比丘（bhikkhu）：受持具足戒的出家人。佛陀僧團（Sangha）的成員之一。

心行（mental formation）：任何無常的想法或念頭，例如：記憶、情緒、或概念。能夠被識所感知的一種心理對象。

心所（mental factor）：心理運作顯示出的某種無常面向，例如：觸、受、作意、

想、精進、念。

五蘊（five aggregates）：組成身與心的五種成分：色、受、想、行、識。「色」指的是感官能夠感知的任何物質，包括身體的各個部分。其他四個則涵蓋了心的一切經驗。

內觀禪修（insight meditation）：也稱爲毗婆奢那〔內觀〕或念住禪修。這種集中專注的覺知，能夠幫助我們洞見身、受、心、法的本質。

【五劃】

正法（DHAMMA）：佛陀的教導。

正念（mindfulness）：清楚的剎那不斷的覺知，在事件發生時覺知它的發生。

四念住（Four foundations of mindfulness）：對於身、受、心、法（現象）剎那不斷的知覺。

平等心〔捨〕（equanimity）：圓滿的安詳及平衡的一種心態，既無貪愛也無瞋恨。斷的覺知。

四聖諦（Four Noble Truths）：佛陀覺悟後，在鹿野苑給予第一次教導的核心精要：⑴苦聖諦；⑵苦集聖諦——貪愛；⑶苦滅聖諦——苦的終結；⑷八聖道——

終結苦的步驟方法。

四組四合一（four tetrads）：《耆利摩難經》中第十想的十六個禪修主題，可以區分爲四組，一一對應於四念住（身、受、心、法）。

【七劃】

作意（attention）：心所（心理因素）之一，有意識地專注於某一個對象。與「想」互相關聯的五個心所之一。

【八劃】

法（dhamma）：現象。亦指現象的眞實本質，如同佛陀所洞見及教導的：一切因緣所生的現象都是無常、苦、及無我的。

受（feeling）：一種心所，將感知歸類或判斷爲樂、苦、或不苦不樂。與「想」互相關聯的五種心所之一。

放下、**捨斷**（abandonment）：觀察並守護心，以認出不善的念頭、想法、及衝動，在它們成熟爲負面行爲之前就去除它們。

【九劃】

毗婆奢那、**內觀**（vipassana）：洞見，尤其是指對於自我和現象本質的洞見。對

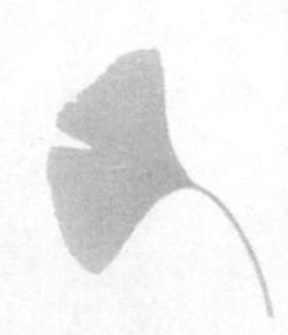

於一切有為法是無常、苦、無我的體悟。

【十劃】

涅槃（nibbana）：修行之道的目標——解脫、無明愚痴的滅除、脫離生死輪迴的自由。在某些佛教傳承中，即「涅槃」（nirvana）。

【十一劃】

寂滅、止息（cessation）：結束。佛陀所教導的第三聖諦〔滅諦〕，痛苦得以終結的保證。寂滅而不再投生就是涅槃，從痛苦中解脫，自由。

奢摩它（samatha）：修定，有時翻譯為「靜住」。這種安詳、專一的心能壓制住五蓋，讓心平靜、安詳、光明。

【十二劃】

結（fetter）：在未覺悟的心裡，根深柢固的十種習性，將我們綑綁於生生世世的苦中。十結是：相信有一恆常的自我、疑、執著於儀式、欲貪、瞋、貪愛精細的物質存在、貪愛無物質的存在、我慢、不安、無明。〔舊譯為：有身見、疑、戒禁取、欲貪、瞋（五下分結）、色貪、無色貪、我慢、掉舉、無明（五上分結）。〕

無我（selflessness）：佛陀的洞見，沒有人擁有一個恆常的自我或靈魂，沒有任何存在擁有一個不變的核心。亦稱爲空性。

無明、癡（delusion）：相信有一個恆久存在的自我或靈魂的錯謬信仰。相信自己的身心就是我，或身心之內一定有某個眞實且恆常的，稱爲我的東西。

無相（signlessness）：體悟到一切存在都是無常的，都不留任何相或蹤跡地滅去的心理狀態。

無著、離執（disenchantment）：當我們認知一切因緣所生法的本質是無常、苦、及無我時，所生起的不感興趣及不執取的心態。

無願（wishlessness）：認知到由於貪愛或祈願任何因緣條件所生的事物只會帶來沮喪痛苦，所以祈願任何事物都沒有意義的心理狀態。

【十三劃】

業（kamma）：普遍的因果法則。我們難以數計的身體、語言、心意行爲都是因。我們現在的生命及所遭遇的一切則是果，從我們此生或過去生所造作的因，結出來的果。一般而言，善行導致善果，惡行導致惡果。

想（perception）：一種心所，在某個感官與感官對象、識、觸、作意、受會合時

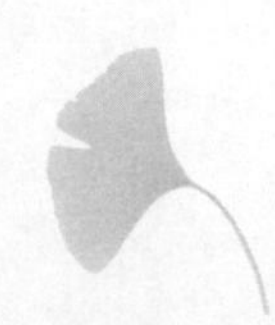

生起。

經（sutta）：佛教經典，尤其指佛陀或其著名的弟子所給予的開示或口述。

解脫（liberation）：從痛苦脫離的完全自由。涅槃。從業及貪愛所推動的不斷生死輪迴脫離的自由狀態。

【十四劃】

蓋（hindrance）：阻礙我們心靈進展並干擾專注能力的負面習性。它們包括了感官貪欲、瞋恨、昏沉睡眠、不安憂慮、疑。修定暫時壓制住五蓋，但只有在禪那狀態才能去除它們。

【十五劃】

輪迴（samsara）：生生世世一再循環的生、老、病、死苦。

緣起法（dependent origination）：依賴於無常且持續不斷變化的因緣而存在的事物（現象）。一切這種事物皆生起，持續一陣子，然後消失。

【十六劃】

禪那（jhana）：深入修定的一些狀態，禪修者超越平時的正念，進入一系列深度的寧靜、和諧、及有力狀態。

【十八劃】

離貪（dispassion）：執著的相反。因正念禪修而生起的十種想之一。正念於一切因緣所生事物皆是無常、苦、及無我，便體驗到離貪並放下錯誤信念，不再以爲執著世間的任何事物能夠帶來恆常的快樂。

【二十劃】

觸（contact）：當某個感官與其相應的感官對象、以及識會合時（根、塵、識；例如：耳朵、鳥叫聲、與識），在心中生起的一個心所。與「想」互相關聯的五種心所之一。

覺悟（enlightenment）：充分並且完全地從苦解脫。佛陀及阿羅漢們藉由覺悟而證得寂滅。他們已經去除了將人綑綁於生死輪迴的煩惱，不再於任何地方有任何形式的再生。

蘊聚（aggregates）：身心的五種組合成分，色、受、想、行、識。

橡樹林文化 ❖❖ 善知識系列 ❖❖ 書目

JB0001	狂喜之後	傑克・康菲爾德◎著	380 元
JB0002	抉擇未來	達賴喇嘛◎著	250 元
JB0003	佛性的遊戲	舒亞・達斯喇嘛◎著	300 元
JB0004	東方大日	邱陽・創巴仁波切◎著	300 元
JB0005	幸福的修煉	達賴喇嘛◎著	230 元
JB0006	與生命相約	一行禪師◎著	240 元
JB0007	森林中的法語	阿姜查◎著	320 元
JB0008	重讀釋迦牟尼	陳兵◎著	320 元
JB0009	你可以不生氣	一行禪師◎著	230 元
JB0010	禪修地圖	達賴喇嘛◎著	280 元
JB0011	你可以不怕死	一行禪師◎著	250 元
JB0012	平靜的第一堂課——觀呼吸	德寶法師 ◎著	260 元
JB0013X	正念的奇蹟	一行禪師◎著	220 元
JB0014X	觀照的奇蹟	一行禪師◎著	220 元
JB0015	阿姜查的禪修世界——戒	阿姜查◎著	220 元
JB0016	阿姜查的禪修世界——定	阿姜查◎著	250 元
JB0017	阿姜查的禪修世界——慧	阿姜查◎著	230 元
JB0018X	遠離四種執著	究給・企千仁波切◎著	280 元
JB0019X	禪者的初心	鈴木俊隆◎著	220 元
JB0020X	心的導引	薩姜・米龐仁波切◎著	240 元
JB0021X	佛陀的聖弟子傳 1	向智長老◎著	240 元
JB0022	佛陀的聖弟子傳 2	向智長老◎著	200 元
JB0023	佛陀的聖弟子傳 3	向智長老◎著	200 元
JB0024	佛陀的聖弟子傳 4	向智長老◎著	260 元
JB0025	正念的四個練習	喜戒禪師◎著	260 元
JB0026	遇見藥師佛	堪千創古仁波切◎著	270 元
JB0027	見佛殺佛	一行禪師◎著	220 元
JB0028	無常	阿姜查◎著	220 元
JB0029	覺悟勇士	邱陽・創巴仁波切◎著	230 元
JB0030	正念之道	向智長老◎著	280 元

JB0031	師父——與阿姜查共處的歲月	保羅・布里特◎著	260 元
JB0032	統御你的世界	薩姜・米龐仁波切◎著	240 元
JB0033	親近釋迦牟尼佛	髻智比丘◎著	430 元
JB0034	藏傳佛教的第一堂課	卡盧仁波切◎著	300 元
JB0035	拙火之樂	圖敦・耶喜喇嘛◎著	280 元
JB0036	心與科學的交會	亞瑟・札炯克◎著	330 元
JB0037	你可以，愛	一行禪師◎著	220 元
JB0038	專注力	B・艾倫・華勒士◎著	250 元
JB0039X	輪迴的故事	堪欽慈誠羅珠◎著	270 元
JB0040	成佛的藍圖	堪千創古仁波切◎著	270 元
JB0041	事情並非總是如此	鈴木俊隆禪師◎著	240 元
JB0042	祈禱的力量	一行禪師◎著	250 元
JB0043	培養慈悲心	圖丹・卻准◎著	320 元
JB0044	當光亮照破黑暗	達賴喇嘛◎著	300 元
JB0045	覺照在當下	優婆夷　紀・那那蓉◎著	300 元
JB0046	大手印暨觀音儀軌修法	卡盧仁波切◎著	340 元
JB0047X	蔣貢康楚閉關手冊	蔣貢康楚羅卓泰耶◎著	260 元
JB0048	開始學習禪修	凱薩琳・麥唐諾◎著	300 元
JB0049	我可以這樣改變人生	堪布慈囊仁波切◎著	250 元
JB0050	不生氣的生活	W. 伐札梅諦◎著	250 元
JB0051	智慧明光：《心經》	堪布慈囊仁波切◎著	250 元
JB0052	一心走路	一行禪師◎著	280 元
JB0054	觀世音菩薩妙明教示	堪布慈囊仁波切◎著	350 元
JB0055	世界心精華寶	貝瑪仁增仁波切◎著	280 元
JB0056	到達心靈的彼岸	堪千・阿貝仁波切◎著	220 元
JB0057	慈心禪	慈濟瓦法師◎著	230 元
JB0058	慈悲與智見	達賴喇嘛◎著	320 元
JB0059	親愛的喇嘛梭巴	喇嘛梭巴仁波切◎著	320 元
JB0060	轉心	蔣康祖古仁波切◎著	260 元
JB0061	遇見上師之後	詹杜固仁波切◎著	320 元
JB0062	白話《菩提道次第廣論》	宗喀巴大師◎著	500 元
JB0063	離死之心	竹慶本樂仁波切◎著	400 元
JB0064	生命真正的力量	一行禪師◎著	280 元

JB0065	夢瑜伽與自然光的修習	南開諾布仁波切◎著	280 元
JB0066	實證佛教導論	呂真觀◎著	500 元
JB0067	最勇敢的女性菩薩——綠度母	堪布慈囊仁波切◎著	350 元
JB0068	建設淨土——《阿彌陀經》禪解	一行禪師◎著	240 元
JB0069	接觸大地—與佛陀的親密對話	一行禪師◎著	220 元
JB0070	安住於清淨自性中	達賴喇嘛◎著	480 元
JB0071/72	菩薩行的祕密【上下冊】	佛子希瓦拉◎著	799 元
JB0073	穿越六道輪迴之旅	德洛達娃多瑪◎著	280 元
JB0074	突破修道上的唯物	邱陽・創巴仁波切◎著	320 元
JB0075	生死的幻覺	白瑪格桑仁波切◎著	380 元
JB0076	如何修觀音	堪布慈囊仁波切◎著	260 元
JB0077	死亡的藝術	波卡仁波切◎著	250 元
JB0078	見之道	根松仁波切◎著	330 元
JB0079	彩虹丹青	祖古・烏金仁波切◎著	340 元
JB0080	我的極樂大願	卓千拉貢仁波切◎著	260 元
JB0081	再捻佛語妙花	祖古・烏金仁波切◎著	250 元
JB0082	進入禪定的第一堂課	德寶法師◎著	300 元
JB0083	藏傳密續的真相	圖敦・耶喜喇嘛◎著	300 元
JB0084	鮮活的覺性	堪千創古仁波切◎著	350 元
JB0085	本智光照	遍智　吉美林巴◎著	380 元
JB0086	普賢王如來祈願文	竹慶本樂仁波切◎著	320 元
JB0087	禪林風雨	果煜法師◎著	360 元
JB0088	不依執修之佛果	敦珠林巴◎著	320 元
JB0089	本智光照—功德寶藏論　密宗分講記	遍智　吉美林巴◎著	340 元
JB0090	三主要道論	堪布慈囊仁波切◎講解	280 元
JB0091	千手千眼觀音齋戒—紐涅的修持法	汪遷仁波切◎著	400 元
JB0092	回到家，我看見真心	一行禪師◎著	220 元
JB0093	愛對了	一行禪師◎著	260 元
JB0094	追求幸福的開始：薩迦法王教你如何修行	尊勝的薩迦法王◎著	300 元
JB0095	次第花開	希阿榮博堪布◎著	350 元
JB0096	楞嚴貫心	果煜法師◎著	380 元
JB0097	心安了，路就開了： 讓《佛說四十二章經》成為你人生的指引	釋悟因◎著	320 元

JB0098	修行不入迷宮	札丘傑仁波切◎著	320 元
JB0099	看自己的心，比看電影精彩	圖敦．耶喜喇嘛◎著	280 元
JB0100	自性光明——法界寶庫論	大遍智　龍欽巴尊者◎著	480 元
JB0101	穿透《心經》：原來，你以為的只是假象	柳道成法師◎著	380 元
JB0102	直顯心之奧秘：大圓滿無二性的殊勝口訣	祖古貝瑪．里沙仁波切◎著	500 元
JB0103	一行禪師講《金剛經》	一行禪師◎著	320 元
JB0104	金錢與權力能帶給你甚麼？ 一行禪師談生命真正的快樂	一行禪師◎著	300 元
JB0105	一行禪師談正念工作的奇蹟	一行禪師◎著	280 元
JB0106	大圓滿如幻休息論	大遍智　龍欽巴尊者◎著	320 元
JB0107	覺悟者的臨終贈言：《定日百法》	帕當巴桑傑大師◎著 堪布慈囊仁波切◎講述	300 元
JB0108	放過自己：揭開我執的騙局，找回心的自在	圖敦．耶喜喇嘛◎著	280 元
JB0109	快樂來自心	喇嘛梭巴仁波切◎著	280 元
JB0110	正覺之道．佛子行廣釋	根讓仁波切◎著	550 元
JB0111	中觀勝義諦	果煜法師◎著	500 元
JB0112	觀修藥師佛——祈請藥師佛，能解決你的 困頓不安，感受身心療癒的奇蹟	堪千創古仁波切◎著	450 元
JB0113	與阿姜查共處的歲月	保羅．布里特◎著	300 元
JB0114	正念的四個練習	喜戒禪師◎著	300 元
JB0115	揭開身心的奧秘：阿毗達摩怎麼說？	善戒禪師◎著	420 元
JB0116	一行禪師講《阿彌陀經》	一行禪師◎著	260 元
JB0117	一生吉祥的三十八個祕訣	四明智廣◎著	350 元
JB0118	狂智	邱陽創巴仁波切◎著	380 元
JB0119	療癒身心的十種想—— 兼行「止禪」與「觀禪」的實用指引， 醫治無明、洞見無常的妙方	德寶法師◎著	320 元
JB0120	覺醒的明光	堪祖蘇南給稱仁波切◎著	350 元
JB0122	正念的奇蹟（電影封面紀念版）	一行禪師◎著	250 元

Published by agreement with Wisdom Publications through the Chinese Connection Agency, a division of The Yao Enterprises, LLC

善知識系列　JB0119

療癒身心的十種想——
兼行「止禪」與「觀禪」的實用指引，醫治無明、洞見無常的妙方

作　　者／德寶法師 (Bhante Henepola Gunaratana)
譯　　者／觀行者
責任編輯／劉昱伶
業　　務／顏宏紋

總 編 輯／張嘉芳
出　　版／橡樹林文化
城邦文化事業股份有限公司
104 台北市民生東路二段 141 號 5 樓
電話：(02)2500-7696 ext2736　傳眞：(02)2500-1951
發　　行／英屬蓋曼群島商家庭傳媒股份有限公司城邦分公司
104 台北市中山區民生東路二段 141 號 5 樓
客服服務專線：(02)25007718；25001991
24 小時傳眞專線：(02)25001990；25001991
服務時間：週一至週五上午 09:30 ～ 12:00；下午 13:30 ～ 17:00
劃撥帳號：19863813　戶名：書虫股份有限公司
讀者服務信箱：service@readingclub.com.tw
香港發行所／城邦（香港）出版集團有限公司
香港灣仔駱克道 193 號東超商業中心 1 樓
電話：(852)25086231　傳眞：(852)25789337
Email: hkcite@biznetvigator.com
馬新發行所／城邦（馬新）出版集團【Cité (M) Sdn.Bhd. (458372 U)】
41, Jalan Radin Anum, Bandar Baru Sri Petaling,
57000 Kuala Lumpur, Malaysia.
電話：(603) 90563833　傳眞：(603) 90576622
Email：services@cite.my

封面設計／兩棵酸梅
內文排版／歐陽碧智
印　　刷／韋懋實業有限公司

初版一刷／ 2017 年 8 月
初版二刷／ 2023 年 7 月
ISBN ／ 978-986-5613-52-5
定價／ 320 元

城邦讀書花園
www.cite.com.tw

國家圖書館出版品預行編目（CIP）資料

療癒身心的十種想——兼行「止禪」與「觀禪」的實用指引，醫治無明、洞見無常的妙方 / 德寶法師 (Bhante Henepola Gunaratana) 作；觀行者譯．-- 初版．-- 臺北市：橡樹林文化，城邦文化出版：家庭傳媒城邦分公司發行，2017.08
面；　公分．--（善知識系列；JB0119）
譯自：Meditation on perception : ten healing practices to cultivate mindfulness
ISBN 978-986-5613-52-5（平裝）

1. 佛教修持

225.7　　　106011462

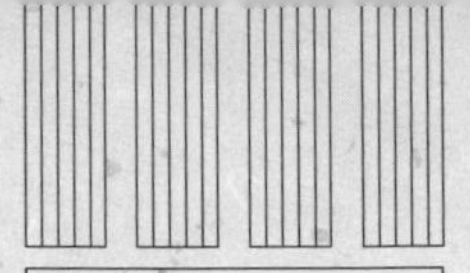

廣告回函
北區郵政管理局登記證
北台字第10158號
郵資已付 免貼郵票

104台北市中山區民生東路二段141號5樓

城邦文化事業股份有限公司
橡樹林出版事業部 收

請沿虛線剪下對折裝訂寄回，謝謝！

|橡|樹|林|

書名：療癒身心的十種想——
兼行「止禪」與「觀禪」的實用指引，醫治無明、洞見無常的妙方
書號：JB0119

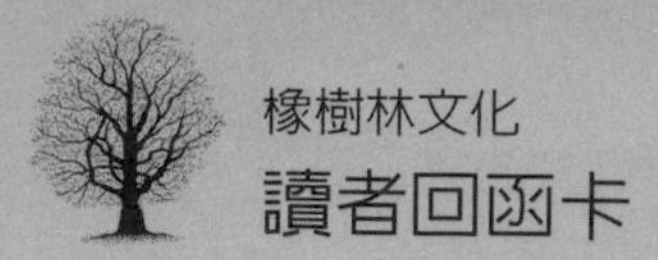

橡樹林文化

讀者回函卡

感謝您對橡樹林出版社之支持，請將您的建議提供給我們參考與改進；請別忘了給我們一些鼓勵，我們會更加努力，出版好書與您結緣。

姓名：＿＿＿＿＿＿＿＿＿＿＿＿ □女 □男 生日：西元＿＿＿＿＿＿年

Email：＿＿＿＿＿＿＿＿＿＿＿＿＿＿＿＿＿＿＿＿＿＿

●您從何處知道此書？

□書店 □書訊 □書評 □報紙 □廣播 □網路 □廣告 DM □親友介紹

□橡樹林電子報 □其他＿＿＿＿＿＿＿＿

●您以何種方式購買本書？

□誠品書店 □誠品網路書店 □金石堂書店 □金石堂網路書店

□博客來網路書店 □其他＿＿＿＿＿＿＿＿

●您希望我們未來出版哪一種主題的書？（可複選）

□佛法生活應用 □教理 □實修法門介紹 □大師開示 □大師傳記

□佛教圖解百科 □其他＿＿＿＿＿＿＿＿

●您對本書的建議：

＿＿＿＿＿＿＿＿＿＿＿＿＿＿＿＿＿＿＿＿＿＿＿＿＿＿＿＿

＿＿＿＿＿＿＿＿＿＿＿＿＿＿＿＿＿＿＿＿＿＿＿＿＿＿＿＿

＿＿＿＿＿＿＿＿＿＿＿＿＿＿＿＿＿＿＿＿＿＿＿＿＿＿＿＿

＿＿＿＿＿＿＿＿＿＿＿＿＿＿＿＿＿＿＿＿＿＿＿＿＿＿＿＿

＿＿＿＿＿＿＿＿＿＿＿＿＿＿＿＿＿＿＿＿＿＿＿＿＿＿＿＿

非常感謝您提供基本資料，基於行銷及客戶管理或其他合於營業登記項目或章程所定業務需要之目的，家庭傳媒集團（即英屬蓋曼群商家庭傳媒股份有限公司城邦分公司、城邦文化事業股分有限公司、書虫股分有限公司、墨刻出版股分有限公司、城邦原創股分有限公司）於本集團之營運期間及地區內，將不定期以 MAIL 訊息發送方式，利用您的個人資料於提供讀者產品相關之消費與活動訊息，如您有依照個資法第三條或其他需服務之業務，得致電本公司客服。

我已經完全瞭解左述內容，並同意本人資料依上述範圍內使用。

＿＿＿＿＿＿＿＿＿＿＿＿＿＿（簽名）